本书为"基础学科拔尖学生培养计划2.0"研究课题
（编号20212048）成果

学在竺院系列丛书

兼总条贯 知玉知终

——深度科研训练成果与经验分享

浙江大学竺可桢学院　编

ZHEJIANG UNIVERSITY PRESS
浙江大学出版社
·杭州·

图书在版编目（CIP）数据

兼总条贯　知至知终 ： 深度科研训练成果与经验分享 / 浙江大学竺可桢学院编. — 杭州 ： 浙江大学出版社，2023.9

ISBN 978-7-308-24059-8

Ⅰ．①兼… Ⅱ．①浙… Ⅲ．①高等学校－科技成果－研究－浙江 Ⅳ．①G644

中国国家版本馆CIP数据核字(2023)第145936号

兼总条贯　知至知终——深度科研训练成果与经验分享
浙江大学竺可桢学院　编

责任编辑	季　峥	
责任校对	张凌静	
封面设计	林智广告	
出版发行	浙江大学出版社	
	（杭州市天目山路148号　　邮政编码　310007）	
	（网址：http：//www.zjupress.com）	
排　　版	杭州林智广告有限公司	
印　　刷	杭州捷派印务有限公司	
开　　本	710mm×1000mm　1/16	
印　　张	10.5	
字　　数	194千	
版 印 次	2023年9月第1版　2023年9月第1次印刷	
书　　号	ISBN 978-7-308-24059-8	
定　　价	86.00元	

编委会

序

深化科研引领，聚焦育人实效

方文军

本科学生参与科研训练是探索育人工作新路径的重要举措之一。它将育人工作与科学研究有机协调，贯穿选题、调查、研究、论证、总结和交流等全过程，学生在学习过程中不仅有导师的引领示范和言传身教，还有朋友们的互帮互助和团结协作。

竺可桢学院作为浙江大学实施英才教育、培养具有全球竞争力的高素质创新人才和领导者的重要基地，旨在构建学科、人才、科研三位一体与融会贯通的卓越培养体系，成功构筑"深度科研训练"的实践育人平台。该平台通过为学生量身订制科研训练计划，着实为他们的学习能力发挥和科研兴趣展示提供了宝贵的机会。学生们志存高远，在完成课程学习和加强自我发展的基础上，投身于深度科研实践，热情高涨，积极作为，行求索之路，探无涯学海，不断追求卓越，这是非常难能可贵的。

竺可桢学院深度科研训练项目运行 5 年，已取得一系列成果。本书的出版让我看到了学生与导师在科研育人中的角色定位和心路历程。在字里行间，我看到了同学们的满满收获和深切感悟，看到了导师们的身体力行、谆谆教诲和殷切期望。本书还介绍了跨学科融合的科研训练方式方法，对于拓展学生的学科视野、强化交叉创新意识具有实在的指导作用。这是以学生成长为中心的卓越教育教学的优秀成果，针对性、实践性、学术性和可读性都很强，尤其适合即将准备参与科研训练的本科学生阅读；也为各界人士了解竺可桢学院拔尖学生培养的理念和举措提供了一扇窗，从而为拔尖创新人才培养集思广益。

党的二十大报告指出，教育、科技、人才是全面建设社会主义现代化国家的基础性、战略性支撑。当今世界百年未有之大变局正在加速演进，新一轮科技

方文军，浙江大学化学系教授、博士生导师。浙江大学永平杰出教学贡献奖获得者，竺可桢学院十佳专业导师和最佳任课教师。研究方向：航空航天推进剂化学、燃料燃烧化学和油田化学。

革命和产业变革蓬勃兴起，经济全球化、社会信息化、文化多样化深入发展，迫切需要大力加强拔尖创新人才的自主培养和高质量发展。一代代"浙大人"始终坚持为党育人、为国育才，求立德之是，创育才之新，在习坎示教中坚守教育匠心，为振兴中华造就栋梁之材。浙江大学成为我国教育、科技创新的重要策源地和创新人才的供给库。面向新时代的发展需求，同学们能够在开拓创新氛围非常浓厚的浙江大学竺可桢学院自主学习、研究和实践，实为人生大幸。

同学们将是第二个百年奋斗目标新征程中的见证者、参与者和奉献者，大家要把今天的学习与未来的使命结合起来，把个人成长与国家发展紧密结合起来，进一步培养学术志趣，激发科研热情，秉承"只问是非、不计利害"的治学精神，勤勤恳恳地学、脚踏实地地做；扎根铸魂，不忘初心，坚定"树我邦国"的理想信念，勇攀科研高峰，做出一番无愧于时代、经得起检验的实绩。

2023 年 2 月 7 日

目　录

课题报告　始见经纶

课题报告　始见经纶

"线粒体协调下的甲硫氨酸代谢稳态调控"课题总结报告

课题组成员：江浏

指导教师：叶存奇

一、概述

甲硫氨酸作为组成蛋白质的主要氨基酸之一，对维持正常的生命活动至关重要。同时，作为含硫氨基酸，甲硫氨酸相较于半胱氨酸而言，具有较低的氧化还原性，因此也具有较低的毒性（Deshpande et al., 2017）。正因如此，甲硫氨酸还有另外的功能，就是可以与 ATP 反应，形成 S- 腺苷甲硫氨酸（SAM）。而 SAM 可以作为甲基供体，参与众多的甲基化反应，包括 DNA、蛋白质、脂质以及一些小分子代谢物。此外，SAM 也可以作为自由基诱导一些反应的产生，如硫辛酰化蛋白修饰（Schonauer et al., 2009）。正是由于 SAM 在人体代谢中发挥着普遍且重要的作用，作为起始物的甲硫氨酸的重要性不言而喻。

营养物的摄取、利用、代谢与生物的存活、生长、发育、衰老密切相关。如何合理摄取营养，包括营养物的量和种类，都会对生物的代谢产生不同程度的影响。很早就有研究者发现热量限制（Calorie restriction, CR）对延缓衰老、增加寿命有极大的促进作用（McCay et al., 1935）。这个现象已经在很多生物中得到证实，从低等的酵母、线虫，再到稍微高等的小鼠、灵长类动物。现在普遍认为，在保证营养物质摄取合理时，适当的热量限制确实有利于身体健康。至于热量限制为何可以延缓衰老、增加寿命，解释众多，比如热量限制可以促进细胞自噬（Autophagy）（Green et al., 2022），改变和衰老相关的甲基化（Maegawa et al., 2017）。总的来说，越来越多的研究开始集中于热量限制与健康的联系方面，以及热量限制如何调节健康的分子机制。热量限制这个措施可以说是一个普遍的概念，具体是哪些营养物质在发挥作用，又是哪些信号通路和代谢通路响应外界营养物质的改变，是研究者更为关心的。潜在的信号通路和代谢通路可以通过人为的手段进行干预与调控，起到维持生物体稳定和健康的作用。

甲硫氨酸作为一个含硫的氨基酸，同时是编码起始密码子的氨基酸，其特殊性和重要性不言而喻。很多研究者集中于研究甲硫氨酸除了参与蛋白质合成以外的其他生理作用。例如，甲硫氨酸可以通过抑制细胞自噬以及通过促进响应SAM 的蛋白磷酸酶 2A 来调节生长（Sutter et al., 2013）；甲硫氨酸可以通过改变转运 RNA（tRNA）的硫醇化作用（Thiolation），影响蛋白质翻译的能力和代谢平衡（Laxman et al., 2013）；由甲硫氨酸转变的 SAM 作为甲基供体，可以调节磷脂的合成和组蛋白的甲基化（Ye et al., 2017）。总的来说，甲硫氨酸代谢对维持整个生物体的代谢稳态十分重要。

相关研究者通过组学方法来对热量限制后的生物体的各种基因表达量的变化进行分析，发现甲硫氨酸代谢通路的抑制是热量限制的一个重要表型，并且外源添加甲硫氨酸可以抑制热量限制的部分效应，暗示热量限制的一个重要作用便是降低甲硫氨酸的可获得性，从而实现相关作用（Zou et al., 2020）。从一开始的热量限制到更为具体的甲硫氨酸限制（MR），大量研究不断阐明外源营养和生物体健康相关的机制与原理，这些原理可以应用于平时的健康保护和医学治疗。例如，甲硫氨酸限制可以运用于糖尿病的治疗（Yin et al., 2018）、肿瘤的治疗（Chaturvedi et al., 2018）。甲硫氨酸限制在医学领域的应用范围越来越广泛，对人体维持健康和治疗疾病起着十分重要的作用。目前，关于甲硫氨酸限制有益于健康的具体原理的解析尚不明确，关于多少量的甲硫氨酸既能保证正常的甲硫氨酸需求又能起到甲硫氨酸限制的作用也是不明晰的。甲硫氨酸限制的作用机制和原理可能与已经报道的甲硫氨酸自身的生理代谢作用有关，如细胞自噬、蛋白质翻译、磷脂代谢以及组蛋白修饰等也有可能影响到未知的功能和代谢通路，这些都还有待进一步的解释和完善。

二、课题研究的主要内容与重点

本研究主要集中在对甲硫氨酸限制带来的效应的具体分子机制的探究和分析，同时将研究对象集中在线粒体对甲硫氨酸限制的响应和调控中。

（1）我们主要研究甲硫氨酸限制带来的生物学效应和对细胞整体代谢的影响。甲硫氨酸已经被报道具有多样的生理功能，如抑制细胞自噬（Wu, Tu, 2011）、调节 tRNA 的硫醇化作用（Laxman et al., 2013）、激活相关信号通路以促进细胞增殖（Sutter et al., 2013）。而甲硫氨酸限制所发挥的生理效应的机制尚未被阐释清楚，我们主要研究甲硫氨酸限制如何影响细胞整体代谢环境的变化和信号的相关响应。

（2）我们主要关心线粒体对甲硫氨酸限制的响应和调控。线粒体作为代谢极其活跃的细胞器，在细胞整个能量流动和物质循环中起着关键性作用。探究线粒体对于甲硫氨酸限制的响应机制，将会加深对甲硫氨酸限制的生理作用的理解，为线粒体代谢以及整个细胞代谢网络的调控提供补充。

（3）我们的主要研究对象为酿酒酵母（*Saccharomyces cerevisiae*）。酵母这种简单的单细胞真核生物将会排除其他因素的干扰，更有利于显示出甲硫氨酸限制带来的具体效应。我们利用酵母这种容易操作且具有代表性的生物，首先从微观上利用代谢组学的手段检测甲硫氨酸限制对线粒体中的代谢反应的影响，然后从宏观上检测甲硫氨酸限制条件下细胞生长周期的变化及其对一些环境胁迫（如营养缺乏、氧化压力等）的适应性，从而研究甲硫氨酸限制如何影响线粒体代谢，而线粒体代谢的变化又如何反馈到细胞的生长增殖的适应性上。

我们将酿酒酵母作为主要研究对象来探究甲硫氨酸限制带来的效应。技术路线流程见图 1。

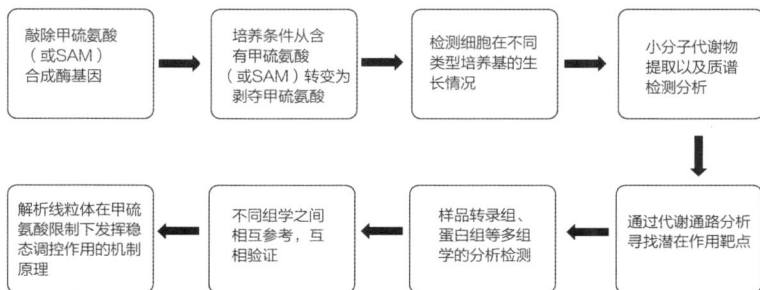

图 1 技术路线流程示意图

（1）构建突变体模型：由于酵母中存在甲硫氨酸合成酶 Met6p，可以从头合成生长代谢必需的甲硫氨酸（Masselot, De Robichon-Szulmajster, 1975），所以我们计划利用同源重组的方法来敲除 *Met6* 基因（Longtine et al., 1998），从遗传学的角度来构建突变体，从而实现通过调整外源甲硫氨酸的含量来达到限制的目的。由于甲硫氨酸进入细胞后会被用来合成 SAM，即甲硫氨酸的限制作用有可能通过 SAM 限制来实现。由于 SAM 的合成在酵母中是通过两个同工酶，即 Sam1p 和 Sam2p 来实现的，因此我们也用同源重组的方法将 *Sam1* 和 *Sam2* 两个基因同时敲除，通过添加外源 SAM 来实现 SAM 限制。

（2）改变外界营养条件，制造甲硫氨酸限制或 SAM 限制的情况：当两个模型构建成功后，我们计划通过培养基的营养条件的变化来实现甲硫氨酸限制，即将酵母从高甲硫氨酸的培养基转移到低甲硫氨酸的培养基。在处理的不同时间分别取样（保留未进行处理的对照组）。

（3）酵母生长状况的检测和表型鉴定：我们还计划对甲硫氨酸限制下的酵母进行生长情况的检测，观察其在其他环境条件下的适应性，比如营养缺乏、氧化压力，试图探究由甲硫氨酸限制带来的代谢重编程对细胞生长和存活的影响，从宏观层面上探究甲硫氨酸限制对细胞的作用。

（4）进行代谢组学和代谢流的检测：对取出的酵母样品进行小分子代谢物的提取后，利用液相色谱质谱联用技术（LC-MS）进行样品的代谢组学的检测。根据不同代谢物量的变化，分析代谢通路的受影响程度。如果后续还需要研究某条代谢通路的通量变化，可以先在培养基中加入同位素标记的物质，如 ^{13}C 标记的葡萄糖、^{15}N 标记的硫酸铵、^{15}N 标记的谷氨酰胺等；然后利用质谱去区分不同质量的同位素标记的物质，就可以看到新合成物质的去向和分布，以及和原先未标记的物质进行对比，从而观察营养物质限制后对代谢通路流量的变化。这样，我们就具备动态检测代谢物变化的能力。

（5）多组学的联合应用和互相补充：为了与代谢组学和代谢流的数据对应，还需要对甲硫氨酸限制后的转录组和蛋白组进行检测分析。转录组层面可以应用 RNA-seq 的方法，蛋白组层面可以应用 SILAC（细胞培养条件下稳定同位素标记技术）的方法。这样就可以看出在甲硫氨酸限制的条件下，酵母细胞会在转录组、蛋白组及代谢组层面上发生什么样的变化，以及哪些代谢物和通路可能作为响应的潜在靶点。

三、课题的主要结论

我们通过构建的甲硫氨酸营养缺陷型酵母，在外源培养基中剥夺甲硫氨酸0h、2h、4h、6h、15h，然后对不同时间点的酵母进行代谢物的提取，对其进行代谢组学的检测，将得到的数据通过热图的形式进行呈现（见图2）。我们发现精氨酸合成代谢通路中的中间化合物的含量都显著上升。精氨酸通路可以显著地响应细胞内的甲硫氨酸限制。由于精氨酸合成途径中重要的乙酰循环发生在线粒体中，因此线粒体通过精氨酸通路来响应甲硫氨酸限制并发挥作用，保持细胞内部的代谢稳态平衡。

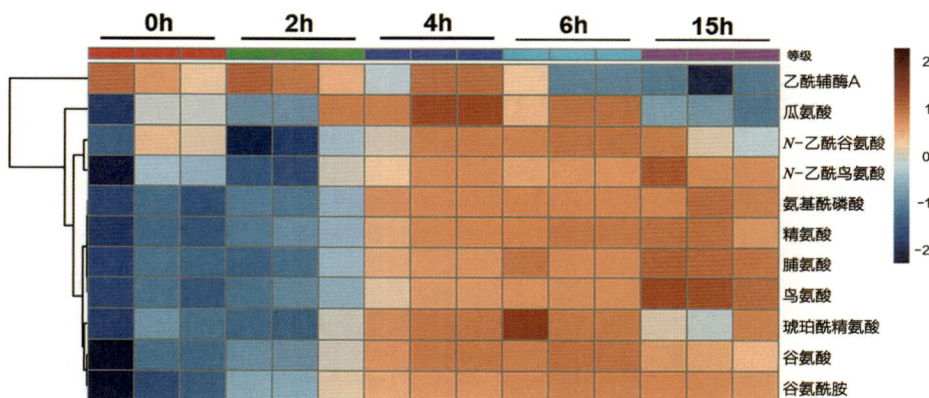

图2　精氨酸合成代谢中间物的浓度的热图分析

同时，我们利用代谢组学计算不同氨基酸的氮回收速率（见图3）。相较于一般情况，谷氨酰胺和天冬酰胺是重要的氮回收的氨基酸。我们发现在甲硫氨酸限制的条件下，精氨酸的激活程度最为明显，而精氨酸又含有4个氮原子，显然综合而言，精氨酸的激活在甲硫氨酸限制的条件下可能是氮回收的潜在机制，满足细胞在外界营养环境恶劣条件下的生存需求。

创新点在于发现由线粒体介导的大量氨基酸代谢能够响应线粒体对SAM可获得性的变化，变化程度较为明显的就是谷氨酸到精氨酸这条代谢通路。精氨酸的积累对细胞对SAM缺乏的响应可能存在潜在的调控作用，为甲硫氨酸限制在维持细胞稳态和生物体发育中的作用机制提供参考。

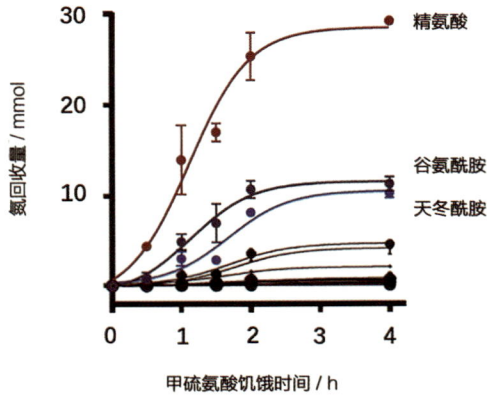

图 3　不同氨基酸的氮回收速率

　　同时，本课题还有继续研究的方向：细胞在甲硫氨酸缺乏或者 SAM 缺乏的条件下会积累精氨酸，但对于精氨酸的积累如何去帮助细胞适应这种压力，这种调整会有什么潜在的价值和作用，仍然需要进一步研究。线粒体内部的众多氨基酸代谢反应会积极响应细胞的 SAM 缺乏，这种响应方式受到什么机制调控，是否存在线粒体与细胞核之间的信号交流来反馈这种变化，这种信号带来的代谢层面的改变会有什么样的作用，这种代谢层面上的重编程是否与细胞自噬或者线粒体自噬（Mitophagy）相关，在特定营养物（如甲硫氨酸或者 SAM）缺乏的条件下，这些保护机制是否对细胞生存或者生长具有一定的保护作用，这些问题都有待进一步研究。

四、参考文献

[1]　Chaturvedi S, Hoffman R M, Bertino J R, 2018. Exploiting methionine restriction for cancer treatment. Biochemical Pharmacology, 154: 170-173.

[2]　Deshpande A A, Bhatia M, Laxman S, et al., 2017. Thiol trapping and metabolic redistribution of sulfur metabolites enable cells to overcome cysteine overload. Microbial Cell (Graz, Austria), 4: 112-126.

[3]　Green C L, Lamming D W, Fontana L, 2022. Molecular mechanisms of dietary restriction promoting health and longevity. Nature Reviews Molecular Cell Biology, 23: 56-73.

[4]　Laxman S, Sutter B M, Wu X, et al., 2013. Sulfur amino acids regulate translational capacity and metabolic homeostasis through modulation of tRNA thiolation. Cell, 154: 416-429.

[5]　Longtine M S, Mckenzie A, Demarini D J, et al., 1998. Additional modules for versatile and economical PCR-based gene deletion and modification in *Saccharomyces cerevisiae*. Yeast (Chichester, England), 14: 953-961.

[6]　Maegawa S, Lu Y, Tahara T, et al., 2017. Caloric restriction delays age-related methylation drift. Nature Communications, 8: 539.

[7]　Masselot M, De Robichon-Szulmajster H, 1975. Methionine biosynthesis in *Saccharomyces cerevisiae*. I. Genetical analysis of auxotrophic mutants. Molecular & General Genetics, 139: 121-132.

[8]　McCay C M, Crowell M F, Maynard L A, 1935. The effect of retarded growth upon the length of life span and upon the ultimate body size. The Journal of Nutrition, 10: 63-79.

[9]　Schonaurr M S, Kastaniotis A J, Kursu V A S, et al., 2009. Lipoic acid synthesis and attachment in yeast mitochondria. The Journal of Biological Chemistry, 284: 23234-23242.

[10]　Sutter B M, Wu X, Laxman S, et al., 2013. Methionine inhibits autophagy and promotes growth by inducing the SAM-responsive methylation of PP2A. Cell, 154: 403-415.

[11]　Wu X, Tu B P, 2011. Selective regulation of autophagy by the Iml1-Npr2-Npr3 complex in the absence of nitrogen starvation. Molecular Biology of the Cell, 22: 4124-4133.

[12]　Ye C, Sutter B M, Wang Y, et al., 2017. A metabolic function for phospholipid and histone methylation. Molecular Cell, 66(2): 180-193.

[13]　Yin J, Ren W, Chen S, et al., 2018. Metabolic regulation of methionine restriction in diabetes. Molecular Nutrition & Food Research, 62: 1700951.

[14]　Zou K, Rouskin S, Dervishi K, et al., 2020. Life span extension by glucose restriction is abrogated by methionine supplementation: Cross-talk between glucose and methionine and implication of methionine as a key regulator of life span. Science Advances, 6: 1306.

"药物性肾损伤的研究"课题总结报告

课题组成员：邱姝颖

指导教师：唐修文

一、概述

药物性肾损伤是指由药物所致的各种肾脏损害的一类疾病。肾脏是药物代谢和排泄的重要器官，药物引起的肾损害日趋增多，主要表现为肾毒性反应及过敏反应。20%~34% 的急性肾功能衰竭患者与应用肾毒性药物有关。由于目前药物种类繁多，加之药物滥用问题严重，药物引起的急、慢性肾功能衰竭日益增多。据报道，住院患者中，2%~5% 有药源性急性肾功能不全的症状；监护室患者中，该比例甚至可高达 15%；在老年人中，发生率更高。

顺铂（Cisplatin）是应用最广泛、最有效的化疗药物之一。然而，正常组织和器官的副作用，特别是肾毒性，限制了顺铂和相关铂类药物的使用[1]。过量的顺铂会导致严重的肾毒性，引发急性肾损伤（Acute kidney injury, AKI）。罹患 AKI 的患者，死亡风险增加，更有可能罹患慢性肾脏疾病（Chronic kidney disease, CKD）。然而，目前还没有治疗性干预手段来治疗 AKI。

转录因子红细胞系 -2p45 相关因子 -2（Nuclear factor-erythroid 2-related factor 2, Nrf2）是氧化应激的主要调控者。Nrf2 信号通路在保护各种原因引起的损伤病理过程中起到了保护作用，其保护机制主要涉及它调控的下游基因所发挥的抗氧化应激作用：醌氧化还原酶 1［NAD(P)H quinone oxidoreductase 1, NQO1］、血红素加氧酶 1（Heme oxygenase-1, HO-1）、谷氨酸半胱氨酸连接酶催化亚基（Glutamate cysteine ligase catalytic subunit, Gclc）、谷氨酸半胱氨酸连接酶修饰亚基（Glutamate-cysteine ligase modifier subunit, Gclm）、谷胱甘肽 S- 转移酶 M1（Glutathione S-transferase M1，GSTM1）等。

在没有明显的化学 / 氧化应激的情况下，Nrf2 在胞质中因与 Keap1（Kelch-like ECH-associated protein 1）-Cul3 复合物的结合而被抑制，Keap1-Cul3 复合物针对 Nrf2 进行泛素化和蛋白酶体降解，因此限制了其细胞丰度和基础活性。在化学 / 氧化应激条件下，Nrf2 与 Keap1-Cul3 复合物解离，逃避抑制，并转移至细胞核内积累，在细胞核内与小 Maf 蛋白异二聚体化，并与编码解毒酶、抗氧化蛋白、异生素转运蛋白和其他应激反应介质的许多细胞保护基因中的抗氧化反应元件结合。这些靶基因的增强表达，有助于消除损伤 / 限制其引发细胞损伤 / 功能障碍的能力 [2]。

本课题旨在研究 Nrf2 信号通路是否对顺铂引起的急性肾损伤具有保护作用，寻找有效的 Nrf2 激动剂，并探究其对顺铂诱导的急性肾损伤的保护作用，为开发新的肾损伤防治药物提供理论基础。

二、课题研究的主要内容与重点

（一）实验材料、方法

1. 实验材料

（1）实验动物

①品系：C57BL/6 小鼠。

②基因型：WT。

③性别：雄性。

④年龄：6~8 周。

（2）药物和剂量

①生理盐水。

②顺铂注射液：5mg/mL，临用时用生理盐水稀释为 1mg/mL。

③ C32 溶液：取 1g C32 加入 10mL 无水乙醇（100%），得到浓度为 100mg/mL 的 C32 溶液，放置于 –20℃环境中保存。灌胃时先用无水乙醇稀释 2 倍，再用 PBS 溶液（磷酸缓冲盐溶液）稀释 5 倍，得到浓度为 10mg/mL 的 C32 溶液，现

稀释现用。最终的乙醇浓度为 20%。

④茶皂素（Teasaponin, TS）溶液：称取 2mg TS，加入 1mL 生理盐水中，涡旋混匀，浓度为 2mg/mL。再稀释 2 倍，浓度为 1mg/mL。

⑤没食子酰植物甾醇（Galloyl phytosterol，GP）溶液：将 2mg GP 溶于 1mL 玉米油中，得到浓度为 2mg/mL 的 GP 溶液。再稀释 2 倍，浓度为 1mg/mL。

2. 实验方法

（1）建立药物性肾损伤模型

刚到动物房的小鼠适应 1 周后，饥饿过夜，腹腔注射生理盐水或顺铂。给药 3 天后处死小鼠。给药体积：若小鼠质量为 x mg，则需注射 1mg/mL 顺铂的体积为 $20x$ μL，生理盐水按同样的体积注射。

（2）检测肾损伤指标

①检测血液尿素氮（Blood urea nitrogen, BUN）：南京建成 BUN 检测试剂盒。

②检测中性粒细胞明胶酶相关脂质运载蛋白（Neutrophil gelatinaseassociated lipocalin，NGAL）、肾损伤分子 -1（Kidney injury molecule-1, KIM-1）mRNA 水平：RT-qPCR。

（3）检测蛋白表达水平：蛋白质印迹法（Western blot, WB）。

（4）统计学分析：统计分析使用 GraphPad Prism 8.0.2 软件包进行数据处理，应用 t 检验进行两组之间的比较，以 $p < 0.05$ 为显著性判断界值。

（二）实验结果

1. 小鼠药物性肾损伤模型的构建

将 6 只野生型雄性 C57BL/6 小鼠（6~8 周）分为对照组和实验组，实验组小鼠每只以 20mg/kg 的剂量腹腔注射顺铂注射液，对照组注射相同体积的生理盐水。注射 3 天后处死小鼠，取肾脏和血清进行分析。

结果表明，与对照组相比，实验组小鼠的肾脏颜色发生了明显改变，其 BUN 水平明显高于对照组（见图 1），肾损伤标志物 NGAL、KIM-1 的 mRNA 水平也高于对照组（见图 2），再结合其体重指标，可判断肾损伤模型构建成功。WB 和 RT-qPCR 结果显示（见图 3），实验组的部分 Nrf2 下游基因在 mRNA 水平和蛋白水平表达量有不同程度的提高，故 Nrf2 信号通路对顺铂引起的药物性肾损伤可能存在保护作用。

如图 1A 所示，对照组的肾脏颜色鲜红，给药组的肾脏颜色较浅；如图 1B 所示，对照组的小鼠体重变化不大，给药组的小鼠体重每日下降。

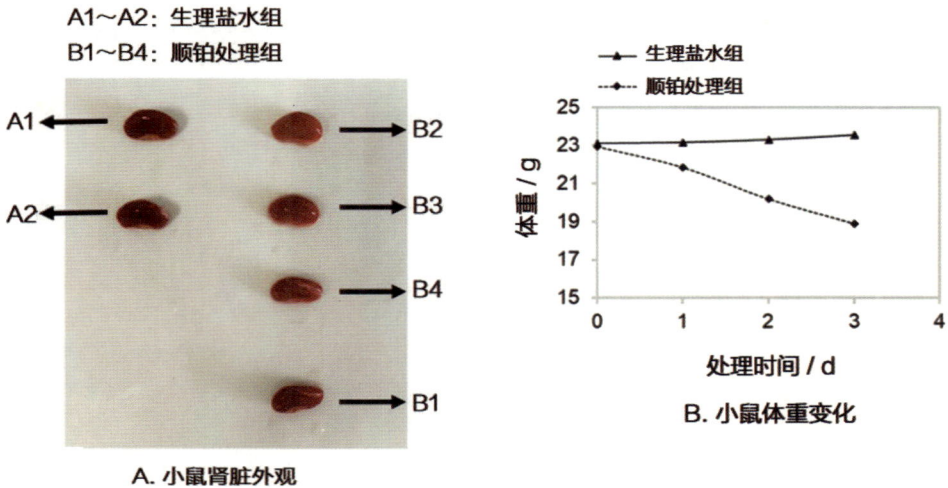

A1～A2：生理盐水组
B1～B4：顺铂处理组

A. 小鼠肾脏外观

B. 小鼠体重变化

图 1 利用顺铂构建小鼠肾损伤模型

如图 2A 所示，给药组的 BUN 含量高于对照组；如图 2B 所示，RT-qPCR 结果表明，顺铂给药后，小鼠肾脏中 KIM-1、NGAL 的 mRNA 水平明显升高。

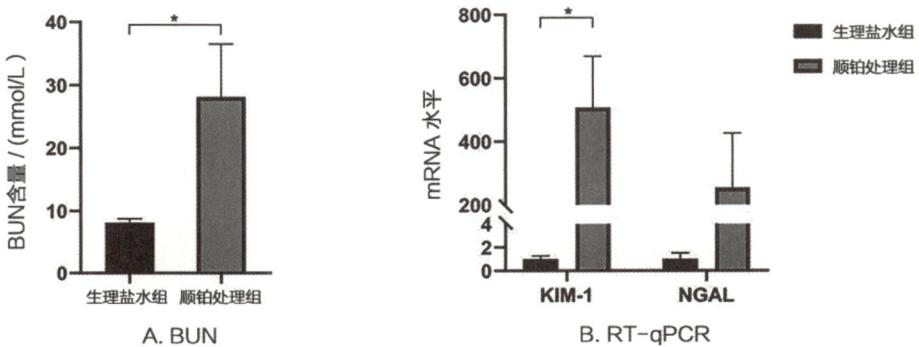

A. BUN

B. RT-qPCR

图 2 肾损伤指标检测结果

如图 3A 所示，WB 结果表明，顺铂给药后，小鼠肾脏中 NQO1 的蛋白表达量显著升高，Gclc 变化不明显；如图 3B 所示，RT-qPCR 结果表明，顺铂给药后，小鼠肾脏中 NQO1、Gclc 的 mRNA 水平升高，SOD2（超氧化物歧化酶 2）的 mRNA 略微下降。

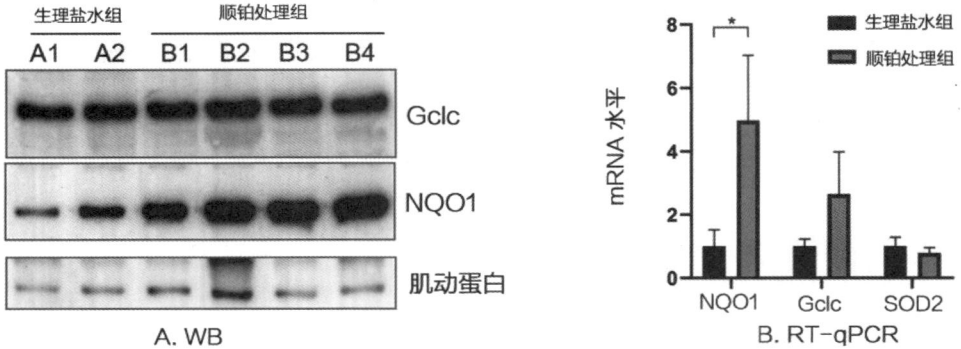

图 3　在顺铂诱导的药物性肾损伤小鼠中检测 *Nrf2* 下游基因表达水平

2. 探究 Nrf2 激动剂对小鼠药物性肾损伤的保护作用

（1）三种 Nrf2 激动剂对小鼠肾脏的影响

白藜芦醇（3, 4, 5'- 三羟基 - 反 - 二苯基乙烯，Resveratrol, Res）为多酚类化合物，是一种天然的抗氧化植物雌激素，是植物受伤时自身分泌的抗毒素。白藜芦醇对很多疾病有预防作用，可改善血管内皮功能，预防心脏病，促进脂肪代谢，抗炎，抗突变，抗氧化，抗衰老，抗病毒，抗真菌，抗肿瘤等。研究显示，白藜芦醇在细胞内的一个主要靶点是 Nrf2/ARE 通路，它可通过激活该通路，正向调控二相解毒酶的表达，清除自由基，改善神经组织氧化损伤的状态。尽管白藜芦醇有很多功效，但是它的物理化学性质限制了其在临床上的应用。其结构中含有 3 个酚羟基，所以水溶性差，药代动力学性质差，不能直接作为药物使用。因此，开发白藜芦醇衍生物来作为化学预防试剂是很有必要的。本课题组其他成员前期通过高通量筛选的方法，发现并首次报道了 Nrf2 新激动剂——白藜芦醇的衍生物 C32。C32 将白藜芦醇结构中乙烯的 1 个碳用电子等排体氮替代，并将苯环上的 1 个羟基用甲氧基代替，提高了脂溶性，同时改变了另外 2 个羟基的取代位置，试图增加物质的水溶性和选择性。

另有文献报道，TS 是一种茶的提取物，是有效的抗炎物质，可通过降低促炎细胞因子（TNF-α、IL-6、IL-1β 等）在组织中的水平，产生抗炎效果[3]。另有研究者在天然植物甾醇的基础上合成了 GP，该物质具有优秀的抗氧化性[4]。

为了探究这 3 种 Nrf2 激动剂对小鼠肾脏的影响，我们对 12 只野生型雄性 C57BL/6 小鼠（6~8 周）进行了以下实验（见图 4）。

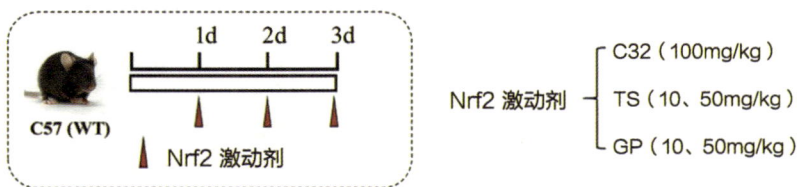

图 4　探究 3 种 Nrf2 激动剂对小鼠肾脏的影响实验方法

共 6 个处理组（包括 1 个对照组）：C32 组以 100mg/kg 灌胃给药；TS-1 组以 10mg/kg TS 腹腔注射；TS-2 组以 50mg/kg TS 腹腔注射；GP-1 组以 10mg/kg GP 灌胃给药；GP-2 组以 50mg/kg GP 灌胃给药。连续给药 3 天，最后一次给药 6h 后，处死小鼠。

实验结果表明（见图 5），C32 和高剂量的 TS 可以明显提高 *Nrf2* 下游基因在肾脏中的表达水平，故对肾脏中的 Nrf2 通路有激活作用。因为实验中高剂量的 TS 对小鼠刺激作用较大，所以我们选择 C32 作为后续实验的研究对象。

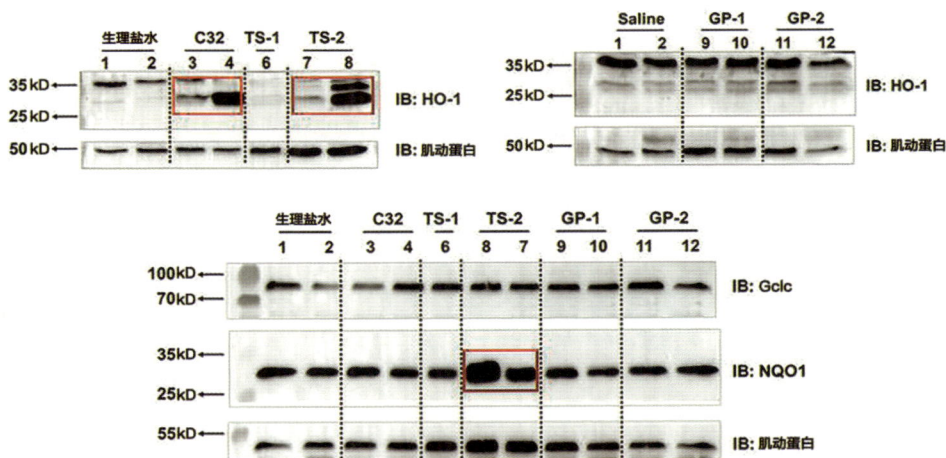

图 5　3 种 Nrf2 激动剂对小鼠肾脏的影响 WB 结果

WB 结果显示，C32 和 TS-2 两组 HO-1 蛋白表达水平有升高；TS-2 组 NQO1 蛋白含量明显高于对照组。

RT-qPCR 结果显示（见图 6），C32、TS-2、GP-2 处理组 HO-1 mRNA 水平均有上升；TS-2 组的 NQO1 的 mRNA 水平也有轻微提高；Gclc、GSTM1 的 mRNA 水平在各处理组间无明显差异。

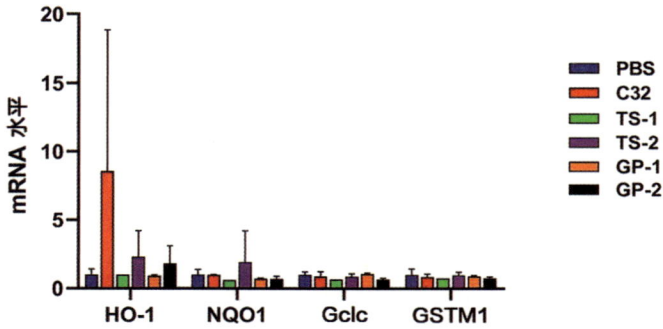

图6　3种Nrf2激动剂对小鼠肾脏的影响RT-qPCR结果

（2）C32对顺铂诱导的药物性肾损伤的保护作用

为进一步明确C32在顺铂诱导的药物性肾损伤中的保护作用，我们将12只野生型雄性C57BL/6小鼠（6~8周）平均分为4组，进行以下实验（见图7）。

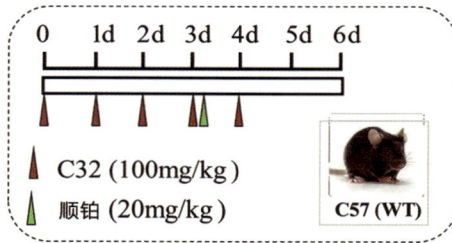

图7　探究C32对顺铂诱导的药物性肾损伤的保护作用实验方法

组1和组2连续5天灌胃C32，组1和组3连续5天灌胃含有20%乙醇的生理盐水；第4天，灌胃之后，组1和组2腹腔注射生理盐水，组3和组4腹腔注射顺铂；顺铂给药3天后，即第7天灌胃6h后，处死小鼠。每日记录小鼠的体重。

实验结果表明（见图8），给药后，2个顺铂实验组小鼠的体重下降明显。C32处理组与对照组相比，血清BUN含量和NGAL、KIM-1的mRNA水平（肾损伤标志物）无显著性差异，而2个顺铂处理组的肾损伤标志物水平明显高于未经顺铂处理组，说明肾损伤模型造模成功。同时，对比2个顺铂处理组数据可发现，经C32处理的小鼠相关指标均略低于只经顺铂处理的小鼠，故C32对顺铂诱导的药物性肾损伤可能存在保护作用。

如图8A所示，在注射顺铂后，顺铂处理组的小鼠体重每日下降；如图8B所示，BUN水平测定结果显示，顺铂处理组小鼠BUN水平显著高于对照组小鼠，

C32+ 顺铂处理组 BUN 水平略低于顺铂处理组；如图 8C、D 所示，RT-qPCR 结果显示，经顺铂处理的小鼠肾损伤指标 NGAL、KIM-1 的 mRNA 水平显著高于未经顺铂处理的小鼠，C32+ 顺铂处理组 NGAL、KIM-1 的 mRNA 水平略低于顺铂处理组。

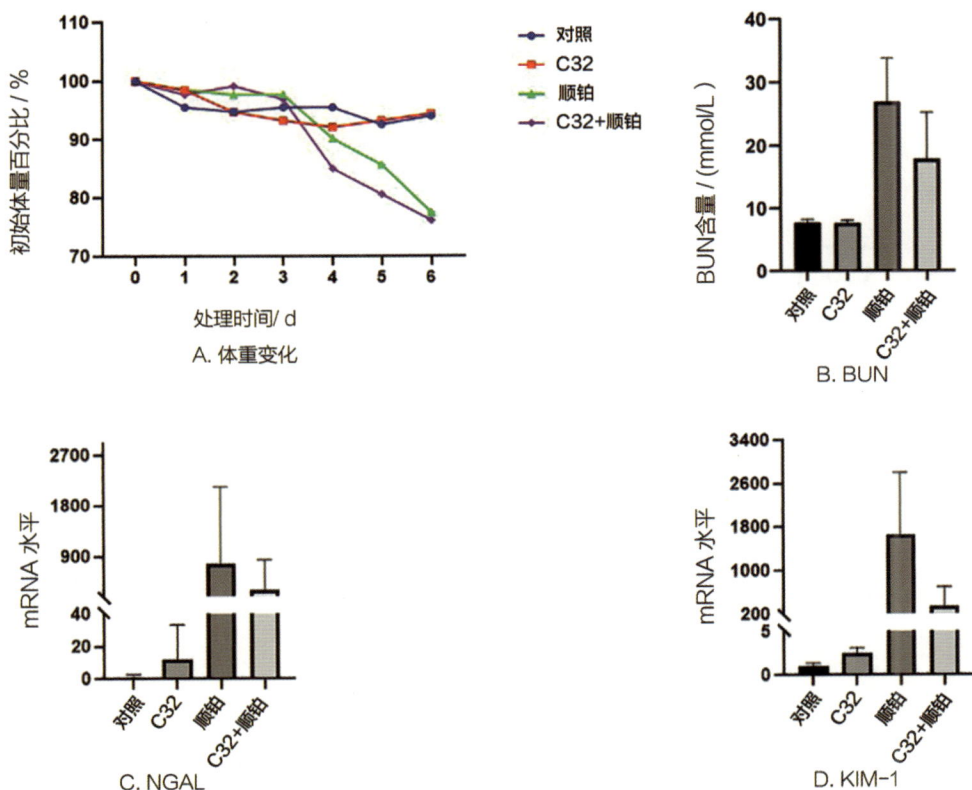

图 8　探究 C32 对顺铂诱导的药物性肾损伤的保护作用

三、课题的主要结论

（一）总结

　　本实验成功构建由顺铂诱导的药物性肾损伤模型。在 3 种 Nrf2 激动剂中筛选出了对肾脏中 Nrf2 通路有激活作用的 C32，并通过对 3 种肾损伤指标的测量与分析，初步探究了 C32 在顺铂诱导的药物性肾损伤中的保护作用。

据报道，Nrf2 在顺铂诱导的小鼠药物性肾损伤中存在保护作用，本次实验结果与文献报道一致。同时，实验结果表明 Nrf2 激动剂 C32 能在一定程度上缓解顺铂的肾毒性。但具体的保护机制仍有待探究。

（二）讨论

在使用顺铂进行药物性肾损伤造模的实验中，给药组小鼠相比于对照组小鼠的体重都存在明显的、快速的下降，同时在实验过程中发现部分给药组小鼠出现异常的胃膨大、脾脏炎症等症状，可见顺铂对小鼠的健康状态有较强的负面影响。有文章报道，二甲基亚砜对所有单齿（单配位）配体复合物的细胞毒性有显著影响，可降低顺铂等物质的细胞毒性[5]，后续可开展相关实验探究。

在给药方式上，连续灌胃高浓度的乙醇溶剂对小鼠也有较强的刺激作用，可能使小鼠产生应激等反应，进而影响实验结果。可在后续实验中探索更好的给药方式，如通过合成特殊饲料给药、寻找更温和的药物溶剂等，同时优化给药剂量，有利于得出更科学、准确的实验结果。

本次实验还存在样本量不足的问题。每个处理组多为 3 只小鼠，因小鼠间存在个体差异，对实验结果的科学性与准确性有不利影响。后续实验可以通过增大样本量来获得更可靠的数据。

由于时间原因，本次课题还有许多问题值得探究。后续可对小鼠肾脏中 Nrf2 的下游基因表达水平进行检测，同时可对 *Nrf2* 基因敲除小鼠开展相关实验，以明确 Nrf2 通路在顺铂诱导的药物性肾损伤中的保护作用。

四、参考文献

[1]　Pabla N, Dong Z. Cisplatin nephrotoxicity: Mechanisms and renoprotective strategies. Kidney International, 2008, 73(9): 994-1007.

[2]　Shelton L M, Park B K, Copple I M. Role of Nrf2 in protection against acute kidney injury. Kidney International, 2013, 84(6): 1090-1095.

[3]　Yu Y, Wu Y, Szabo A, et al. Teasaponin reduces inflammation and central leptin resistance in diet-induced obese Male Mice. Endocrinology, 2013, 154(9): 3130-3140.

[4]　Liu S, Hu H, Li C. Antioxidant activities of novel galloyl phytosterols evaluated by human erythrocytes with the aid of confocal microscopy imaging. Journal of

Functional Foods, 2016, 22: 224-231.

[5] Hall M D, Telma K A, Chang K E, et al. Say No to DMSO: Dimethylsulfoxide inactivates cisplatin, carboplatin, and other platinum complexes. Cancer Research, 2014, 74(14): 3913-3922.

"基于图迁移学习的细胞分类研究"课题总结报告

课题组成员：于昊飞、陈希尧、息震

指导教师：陈华钧

一、概述

（一）图神经网络

近年来，包括机器学习和深度学习在内的许多方法已经在自然语言处理、计算机视觉、语音识别等多种任务中取得令人瞩目的成绩。但是传统的机器学习和深度学习领域中的工作往往需要存在于欧式空间中的数据以进行拟合，而较难适应包括图这样的来自非欧空间的具有较复杂结构的数据。而图，作为一种描述实体与实体间关系的模型，能够更好地描述现实世界。为了解决这一问题，同时受到机器视觉方面的研究启发，研究者们提出了图神经网络（GNN）方法。

常见的 GNN 包括图卷积网络（GCN）、循环图神经网络（GRN）、图自编码器（Graph-encoder）等。其核心思想是通过在图中传播隐含信息来从图节点的邻域中提取节点信息和结构信息，以便完成进一步的任务。在吸收图论和既有方法后，GNN 方法已经在包括关系预测、推荐系统、分子预测在内的许多任务上达到十分优秀的效果。

在 GNN 中，一个重要的问题是，当神经网络过深时，由于信息在图中的广泛传播，可能导致全图的所有节点都呈现较为接近的隐含表示。这一问题在 GNN 领域中被称为过度平滑化（Over-smothing）。根据研究过程中的试验结果，我们确实也观测到了对应的现象。

（二）二部图

本课题建模重点在于二部图（Bipartite graph）。二部图是一种特殊的图，包含 2 种节点，所有的边都分别连接到 2 个属于不同种类的节点。受到这种特殊结构的影响，二部图具有一些一般图所不具有的性质，并且可以对一些特定场景进行更加精确的建模，比如在推荐系统中，往往在商品和用户 2 种节点上建立二部图。二部图在生物信息学领域和医药领域同样具有广泛的应用，比如本研究中所涉及的利用基因在细胞中的表达强度建立的二部图，在研究基因功能等研究中就具有重要作用，也存在对应的相关工作。

（三）迁移学习

本研究所涉及的任务，在迁移学习中属于领域适应（Domain adaptation）的范畴，即通过迁移学习，使用有标注的源域数据在目标域上取得效果。依据源域和目标域中标签的不同，又分为 3 个子类。

（1）监督领域适应：在这种情况下，源域和目标域都有标签数据。也就是说，我们将源域的标签数据用于训练，也将目标域的标签数据用于调整模型或验证模型的性能。

（2）半监督领域适应：源域有标签数据，而目标域部分数据有标签，部分数据无标签。我们用源域的标签数据以及目标域的标签数据进行模型训练，同时使用目标域的无标签数据进行模型的适应。

（3）无监督领域适应：源域有标签数据，目标域无标签数据。我们使用源域的标签数据进行训练，试图使模型能够适应，并在未标记的目标域数据上进行预测。

要实现领域适应式迁移学习，主要思路有 2 种，即使用度量学习（Metric-learning）的方法和使用对抗（Adversarial-learning）的方法。度量学习方法通过使用某种指标，一般是散度，衡量源域和目标域中数据的相似性，并将这一指标与其他约束条件一同优化，来获得一种能够将来自源域和目标域的样本投影到一个共通的特征空间的方法。对抗方法通过使用特征提取器和域分类器进行对抗的方式进行共同优化，来获得一种在源域和目标域中都通用的特征提取方法。

二、课题研究的主要内容与重点

（一）主要内容

本课题研究迁移学习中的 GNN 模型的领域自适应问题，并且设计了多细粒度对抗训练方法来提升迁移学习效果。我们搭建了一个具有多细粒度逆转梯度回传模块的对抗式领域自适应模型。该模型可用于在多物种、多器官细胞的单细胞基因测序数据集中进行细胞分类任务的物种迁移。经过实验，在从小鼠细胞分类任务迁移到人类细胞分类任务上取得较好的迁移效果，在前列腺、肺、胰腺、肝等组织细胞的多分类上达到 90% 以上的 F1 指标。

（二）数据集预处理

在本研究中，我们使用人类蛋白图谱（Human protein atlas）中关于人类组织和小鼠组织中基因表达强度的数据作为数据集，以下简称 Atlas 数据集。Atlas 数据集中包含多种器官，每种器官都包含多对 .csv 表格文件，分别称为 celltype 和 data。celltype 文件中包含细胞编号和细胞类型的对应关系，data 文件中包含细胞编号及各个基因在其中的表达强度。我们使用 Python 编程语言编写程序，使用 pandas 开源库读取和修改表格，使用 networkx 和 DGL 开源框架进行图的处理，使用 DGL 和 PyTorch 开源框架提供的工具构造我们的模型。

我们对这些原始文件进行如下处理。

- 统计原始文件中的基因名称，并为其编号；
- 将 data 原始文件中的基因名称映射为基因编号；
- 更改原始文件的格式，并删去冗余信息；
- 读取经处理的文件，将其转换为 Networkx 图；
- 删去未连接任何其他节点的孤立节点；
- 统计其中的细胞类型，并选取其中一部分；
- 精简图，使之只包含所选类型的细胞以及同这些细胞相连接的基因；
- 将处理后的 Networkx 图转换为 DGL 图；
- 将所有细胞随机分配为训练集、验证集和测试集；
- 将上述信息保存为一个对象，以备之后调用。

（三）相关符号定义

1. 图符号定义

二部图 G 可以表示为 $G = (U, V, E)$，其中 U 和 V 分别表示两类节点集合。对于任意节点 $u_i \in U$（$i \in [1, M]$，M 是 U 中节点的数量）和节点 $v_i \in V$（$i \in [1, N]$，N 是 V 中节点的数量），集合 E 包含了连接 U 和 V 中节点的所有边。对于每条边 $e_{ij} \in E$，e_{ij} 表示连接节点 u_i 和 v_j 的边。为了表示边的权重，定义邻接矩阵 $\boldsymbol{B}$，其中 $\boldsymbol{B}_{[i][j]} = w(e_{ij})$，如果 $e_{ij} \in E$，否则 $\boldsymbol{B}_{[i][j]} = 0$。这里的 $w(e_{ij})$ 表示边 e_{ij} 的权重。

2. 迁移学习符号定义

定义一个域为 $D = \{X, P(X)\}$，其中 X 代表特征空间，$P(X)$ 表示相应的边缘分布，X 也表示实例集合，定义为 $X = \{x | x_i \in X, i \in N, i \leqslant |X|\}$。任务被定义为 $T = \{Y, f\}$，在这里，Y 是标签空间，函数 $f: X \to Y$ 是分类函数。对于迁移学习，我们定义为：给定 $m \in N^+$ 个源域和相应的任务，以及 $n \in N^+$ 个目标域和任务。迁移学习的目标是将从源域中学到的知识（用于提高源域任务的性能）迁移到目标域，从而提高目标域中分类函数 $f(T_j)$ 的性能。

（四）建模思路

建模思路是针对每个物种的细胞基因测序数据集构建二部图（见图1），二部图两侧分别代表细胞节点和基因节点。其相连边的权重大小代表该基因在该细胞中的表达强度。本课题希望利用有细胞种类标签标注的小鼠细胞数据得到人类细胞上更加准确的分类结果。

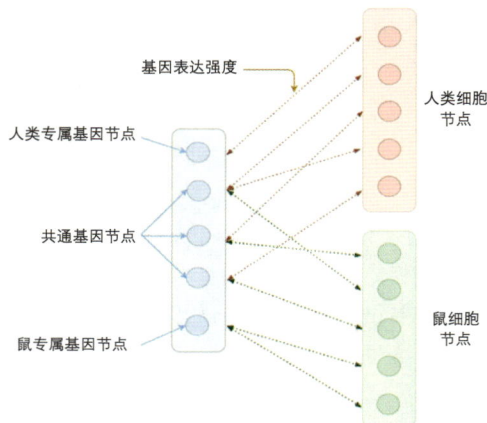

图1　二部图建模示意图

　　针对建模出的图结构，在研究过程中，我们首先尝试通过在图上引入使用随机游走采样的生成式对抗网络方法来进行迁移学习，但是经过许多尝试后，放弃了这一方法。随后，我们又提出使用开源图分割算法 Metis 进行采样，但由于实验效果不佳，也放弃了这一方法。经过一段时间对迁移学习理论和实践的广泛研究学习，最终我们决定使用包含梯度逆转的方法，并提出通过细粒度梯度逆转来进一步提高效果。原方法的主要思想是使域分类器和共通分类器在对抗中共同优化，并利用梯度逆转层寻找域分类器和共通分类器的损失函数的鞍点。我们希望通过引入细粒度逆转方法，即对具有不同特性的节点使用不同的逆转操作，来进一步提高其特征空间学习的效率。在研究过程中，我们同时广泛地参考了其他迁移学习方法，如通过子空间对齐的方法进行迁移学习。

（五）模型结构

1. 与领域对抗网络的不同点

我们的模型结构（见图 2）与传统领域对抗网络（DANN）架构的区别点在于：

（1）模型输入为二部图结构，而非图像。

（2）在特征提取器前端设置了细粒度梯度回传层，来改变图节点表示的更新梯度。

（3）特征提取器使用图神经网络，而非卷积神经网络。

（4）梯度信息对图节点表示进行更新。

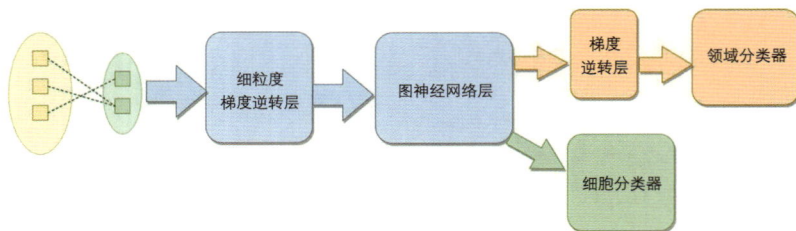

图2　模型结构示意图

2. 多细粒度模块的机制

相比于 DANN 中的梯度逆转模块，本模型在梯度信息回传到图节点表示时会再次进行过滤，从而调整对抗训练阶段对于图节点表示对抗的程度。通过大量反复的实验，我们发现，当对抗训练过程中细胞节点的梯度信息对节点表示进行更新后，整体的分类效果反而下降。因此，我们决定在该模块中人为过滤掉对抗训练产生的这一部分梯度信息，仅仅对细胞节点的邻居（基因节点）的表示进行更新。这一方法从直观上来说是人为去除了对抗训练过程中波动较大的噪声，从而使整个对抗训练过程更为稳定。

三、课题的主要结论

（一）实验环境

本课题所有实验均使用 Python 3.8 版本代码，所使用的计算资源为 NVIDIA A100-SXM4-40GB 显卡。

（二）迁移学习分类效果

从实验设定上来说，实验的任务为将小鼠细胞数据集上不同器官的细胞迁移任务迁移到人类细胞数据集上不同器官的细胞迁移任务。

其中分类的类别为小鼠细胞数据集和人类细胞数据集的共有细胞类型，给出的实验结果是 5 次不同种子随机初始化实验的最优值。

由于同一物种、不同器官、不同细胞类型的数据量不同，且不同器官上，人类与小鼠共有的细胞类型个数也不同，因此在不同器官上的迁移效果不同，属于正常现象（见表 1）。

表 1　鼠到人类的同器官细胞迁移分类任务实验结果

器官	宏 F1 值
膀胱	0.95（2 类别）
血液	0.96（2 类别）
肝脏	0.78（5 类别）
胰腺	0.95（2 类别）
外周血	0.66（4 类别）
大脑	0.61（3 类别）
肾脏	0.67（3 类别）

（三）实验细节

关于训练，验证集和测试集的划分如下。

（1）训练集：对抗训练阶段使用全部无标签目标域数据集作为训练集，分类器训练阶段使用 80% 有标签源域数据集作为训练集。

（2）验证集：使用 20% 有标签源域数据集作为验证集进行模型选择。

（3）测试集：使用全部无标签目标域数据集作为测试集，测试关于数据不平衡的问题。

　　针对数据集不平衡的问题，在数据集预处理的过程中采用重采样的方法保持数据的平衡性，并人为过滤掉占比低于总细胞数量 5% 的跨物种公共细胞类型。

　　关于训练过程，由于采用的是对抗训练，因此损失函数在训练后期会产生剧烈抖动，域分类器也会随着优化过程剧烈抖动。

　　训练结果见图 3~ 图 6。

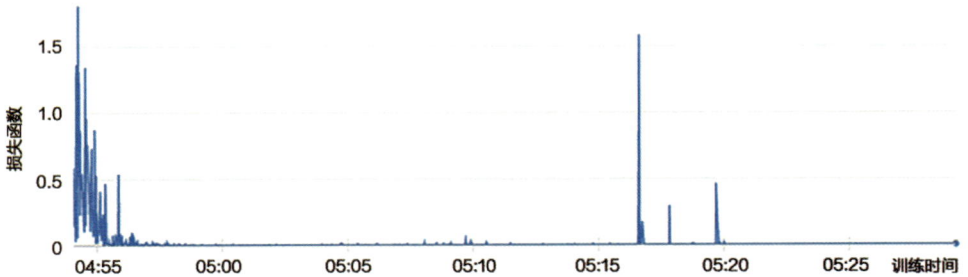

图 3　训练损失函数

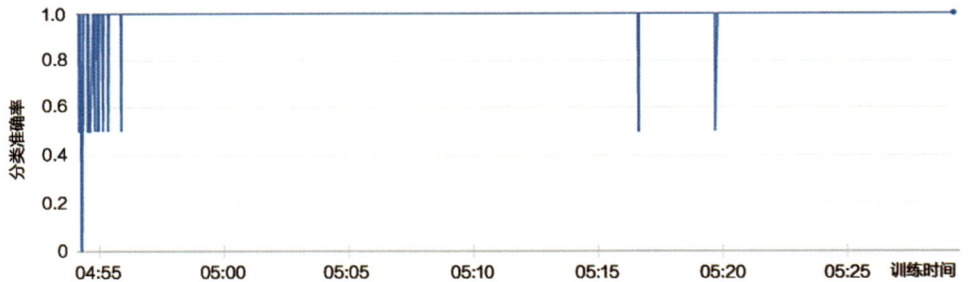

图 4　细胞分类器准确率

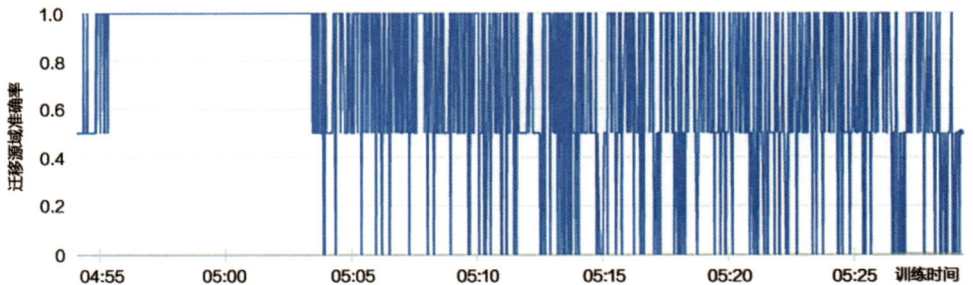

图 5　源域分类器准确率

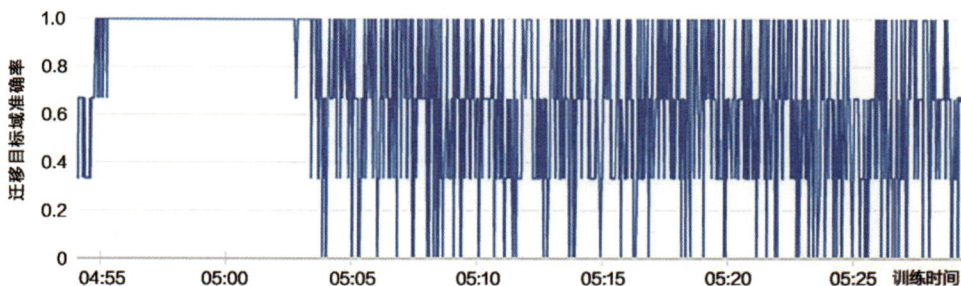

图 6 目标域分类器准确率

（四）可视化分析

为了探究对抗训练在模型训练过程中的意义，我们采用了 t-SNE 的方法来对特征提取器的输出层向量进行可视化，发现对抗训练的存在能够优化类别分布之间的对齐效果（见图 7、图 8）。这说明对抗训练确实能够帮助表征空间的隐变量更好地进行分布对齐，从而实现分类任务效果的提升。

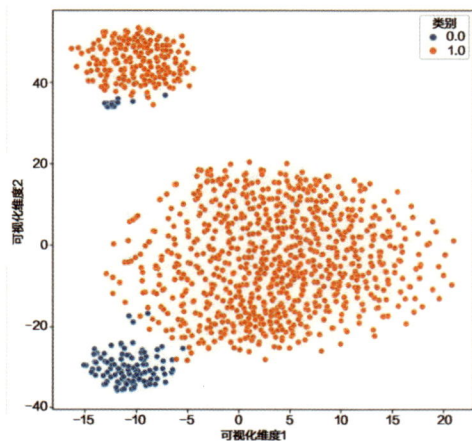

图 7 肺器官细胞表示（无对抗训练）

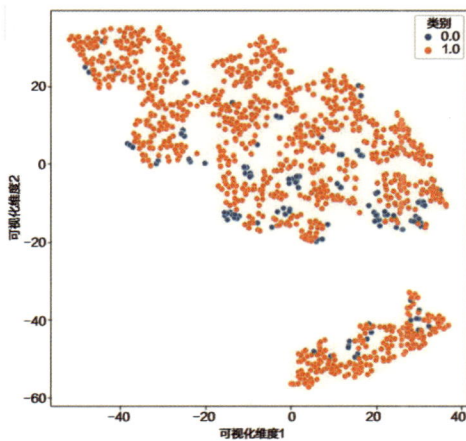

图 8 肺器官细胞表示（含对抗训练）

为了证实多细粒度对抗训练在模型训练中的意义，我们再次使用同样的可视化方法对含多细粒度对抗训练和仅含简单的对抗训练的训练效果及对齐效果进行对比，验证了多细粒度对抗训练（在细胞和基因节点上调整对抗训练梯度）能够更好地帮助进行分布对齐（见图 9、图 10）。

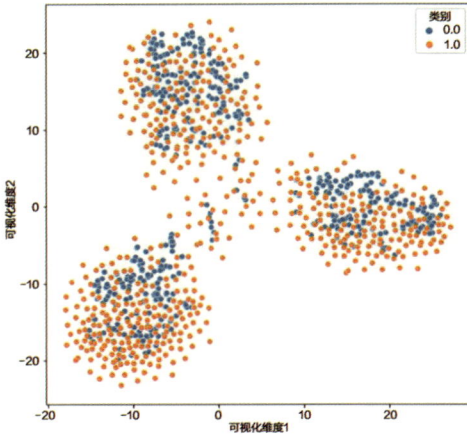

图 9　肺器官细胞表示（仅含简单的对抗训练）　　图 10　肺器官细胞表示（含多细粒度对抗训练）

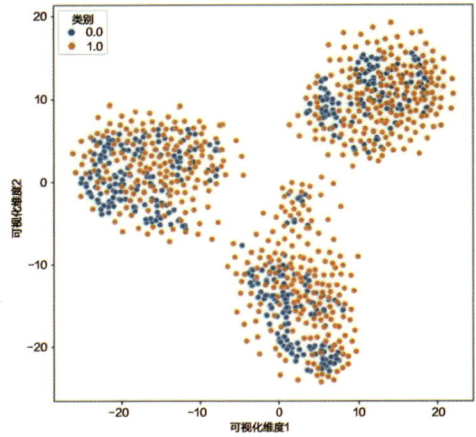

（五）消融分析

我们针对二部图建模思路研究了二部图中基因节点个数对于分类准确度的影响，在对比试验中对基因进行了随机删除。由表 2 可得，在实际使用中，我们只需要少量关键基因的数据就能够较好地完成对应细胞分类的任务，这就大大降低了我们的模型实际应用的难度。

表 2　基因个数对细胞分类任务的影响实验

基因数量	宏准确值
12652	0.85
10652	0.87
8652	0.81
6652	0.83
4652	0.85
2652	0.81
1652	0.77
652	0.70
352	0.60
152	0.35

四、参考文献

[1] Bojchevski A, Shchur O, Zügner D, et al. Netgan: Generating graphs via random walks//International conference on machine learning. Stockholm: PMLR, 2018: 610-619.

[2] Cao Z, Long M, Wang J, et al. Partial transfer learning with selective adversarial net-works//Proceedings of the IEEE Conference on computer vision and pattern recognition, 2018: 2724-2732.

[3] Chen D, Lin Y, Li W, et al. Measuring and relieving the over-smoothing problem for graph neural networks from the topological view//Proceedings of the AAAI conference on artificial intelligence, 2020, 34(4): 3438-3445.

[4] Dwivedi V P, Bresson X. A Generalization of Transformer Networks to Graphs [Z/OL]. arXiv, 2020[2022-11-13]. https://arxiv.org/abs/2012.09699.

[5] Elhadji-Ille-Gado N, Grall-Maes E, Kharouf M. Transfer learning for large scale data us-ing subspace alignment//2017 16th IEEE International Conference on Machine Learning and Applications (ICMLA). IEEE, 2017: 1006-1010.

[6] Fathony R, Behpour S, Zhang X, et al. Efficient and consistent adversarial bipartite matching//International Conference on Machine Learning. PMLR, 2018: 1457-1466.

[7] Fernando B, Habrard A, Sebban M, et al. Subspace alignment for domain adaptation[Z/OL]. arXiv, 2014[2022-11-13]. https://arxiv.org/abs/1409.5241.

[8] Ganin Y, Lempitsky V. Unsupervised domain adaptation by backpropagation// International conference on machine learning. Stockholm: PMLR, 2015: 1180-1189.

[9] He C, Xie T, Rong Y, et al. Bipartite graph neural networks for efficient node repre-sentation learning [Z/OL]. arXiv, 2019[2022-11-13]. https://arxiv.org/abs/1906.11994v2.

[10] He J, Liu Y, Lawrence R. Graph-based transfer learning//Proceedings of the 18th ACM conference on information and knowledge management, 2009: 937-946.

[11] Li Q, Han Z, Wu X M. Deeper insights into graph convolutional networks for

semi-supervised learning//Proceedings of the AAAI conference on artificial intelligence, 2018, 32(1).

[12] Li Z, Shen X, Jiao Y, et al. Hierarchical bipartite graph neural networks: To-wards large-scale E-commerce applications//2020 IEEE 36th International Conference on Data Engineering (ICDE). IEEE, 2020: 1677-1688.

[13] Ma X, Zhang T, Xu C. Gcan: Graph convolutional adversarial network for unsupervised domain adaptation//Proceedings of the IEEE/CVF conference on computer vision and pattern recognition, 2019: 8266-8276.

[14] Pavlopoulos G A, Kontou P I, Pavlopoulou A, et al. Bipartite graphs in systems biology and medicine: a survey of methods and applications. GigaScience, 2018, 7(4): 14.

[15] Saito K, Yamamoto S, Ushiku Y, et al. Open set domain adaptation by backpropagation//Proceedings of the European conference on computer vision (ECCV), 2018: 153-168.

[16] Su J, Chen X, Zhang Y, et al. Collaborative adversarial learning for relational learning on multiple bipartite graphs//2020 IEEE International Conference on Knowledge Graph (ICKG). IEEE, 2020: 466-473.

[17] Sun H, Liu S, Zhou S. Discriminative subspace alignment for unsupervised visual domain adaptation. Neural Processing Letters, 2016, 44(3): 779-793.

[18] Sun L, Dou Y, Yang C, et al. Adversarial attack and defense on graph data: A survey [Z/OL]. arXiv, 2018[2022-11-13]. https://arxiv.org/abs/1812.10528.

[19] Thopalli K, Thiagarajan J J, Anirudh R, et al. SALT: Subspace alignment as an auxiliary learning task for domain adaptation [Z/OL]. arXiv, 2019[2022-11-13]. https://arxiv.org/abs/1906.04338.

[20] Wang S, Chen X, Wang Y, et al. Progressive adversarial networks for fine-grained domain adaptation//Proceedings of the IEEE/CVF conference on computer vision and pattern recognition, 2020: 9213-9222.

[21] Wu M, Pan S, Zhou C, et al. Unsupervised domain adaptive graph convolutional net-works//Proceedings of the web conference 2020, 2020: 1457-1467.

[22] Yang C, Wang R, Yao S, et al. Revisiting "over-smoothing" in deep gcns [Z/OL].

arXiv, 2020[2022-11-13]. https://arxiv.org/abs/2003.13663.

[23] Zhang Z, Cui P, Zhu W. Deep learning on graphs: A survey. IEEE Transactions on Knowledge and Data Engineering, 2020.

[24] Zhao L, Akoglu L. Pairnorm: Tackling oversmoothing in gnns [Z/OL]. arXiv, 2019[2022-11-13]. https://arxiv.org/abs/1909.12223.

[25] Zhu Y, Chen Y, Lu Z, et al. Heterogeneous transfer learning for image classification//Proceedings of the AAAI conference on artificial intelligence, 2011, 25(1).

[26] Zhuang F, Qi Z, Duan K, et al. A comprehensive survey on transfer learning// Pro-ceedings of the IEEE, 2020, 109(1): 43-76.

"基于软体抓手的机械臂物体抓取控制以及应用机器学习实现动态物体抓取"课题总结报告

课题组成员：唐恺、崔熹、鞠希来、李昊颖

指导教师：李铁风

一、概述

　　机械臂是机器人研究领域的重要组成部分，被广泛应用于智能制造、智慧医疗、科学探索等领域。在"神舟十二号"载人航天任务中，航天员在机械臂的支持下，首次开展较长时间的出舱活动，进行舱外的设备安装、维修维护等操作作业。由此可见，机械臂已经逐渐成为人们进行各种探索性任务的重要帮手，尤其是在各种危险环境下发挥着难以替代的作用。

　　在机械臂的应用与技术日渐成熟的今天，机械臂更多地应用于加工制造领域，将固定大小的零件从一个地方转移至另一个地方，用于进行加工及装配。然而，在很多时候，目标物体并不总是十分规则且固定不动的，例如传送带上大小不一的包裹。因此，研究如何抓取移动的物体也具有十分重要的意义。

二、课题研究的主要内容与重点

　　本次科研训练项目的主要目的是实现双目视觉下的六轴机械臂抓取移动中

的物体。我们研究小组完成机械臂的零部件购买与搭建，推导正、逆运动学公式，比较多种路径搜索算法的搜索效率，对购买的双目相机进行标定，实现双目立体匹配，并使用传统特征提取算法提取目标信息，结合深度图获取物体中心的空间坐标，利用 ROS（机器人操作系统）实现手动移动物体场景下的物体抓取功能。

在此基础上，由于传统的目标特征提取和比对算法检测速度较慢，对于遮挡情况下的识别准确度不高，为此，我们还训练了 YOLO（你只看一次）算法用于目标检测环节。之后，我们计划将 YOLO 算法与之前的代码相结合，实现基于神经网络识别下的移动物体抓取，并比较传统识别算法与神经网络算法之间的识别差异。

（一）机械臂的搭建与建模

为了搭建一台简单的机械臂，我们购买了步进电机、伺服电机、机械臂驱动板、步进电机联轴器、减速箱、大功率主机电源等，外壳主要由 3D 打印制作而成。经过仔细的连接与调试之后，可以通过其支持的 ROS 进行一些简单的运动控制。搭建好的机械臂，结构参数及 ROS 仿真模型分别如图 1、图 2 所示。

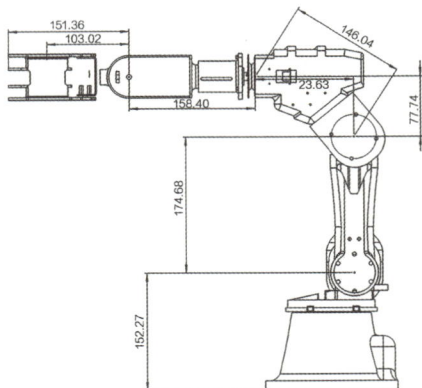

图 1 机械臂的结构参数

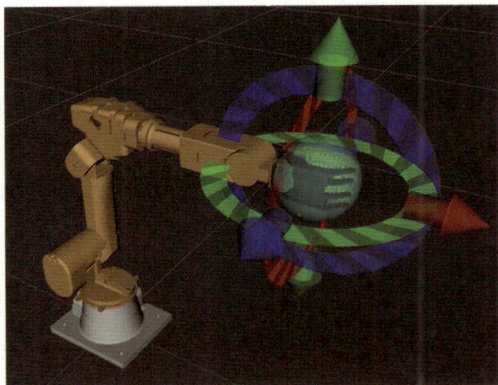

图 2 机械臂的 ROS 仿真模型

1. 正运动学公式推导

正运动学公式使用了改进的 Denavit-Hartenberg 参数（简称 D-H 参数），包括连杆长度、连杆转角、连杆偏距、关节角。我们通过对机械臂的 D-H 参数进行求取，利用相关的公式构造齐次变换矩阵，完成正运动学公式的求解。

公式如下：

$$
{}^{i-1}_{i}\boldsymbol{T}=\begin{bmatrix}
\cos\theta_i & -\sin\theta_i & 0 & a_{i-1} \\
\sin\theta_i\cos a_{i-1} & \cos\theta_i\cos a_{i-1} & -\sin a_{i-1} & -\sin a_{i-1}d_i \\
\sin\theta_i\sin a_{i-1} & \cos\theta_i\sin a_{i-1} & \cos a_{i-1} & \cos a_{i-1}d_i \\
0 & 0 & 0 & 1
\end{bmatrix}
$$

然后进行累乘计算：

$$
{}^{0}_{6}\boldsymbol{T}={}^{0}_{1}\boldsymbol{T}\,{}^{1}_{2}\boldsymbol{T}\,{}^{2}_{3}\boldsymbol{T}\,{}^{3}_{4}\boldsymbol{T}\,{}^{4}_{5}\boldsymbol{T}\,{}^{5}_{6}\boldsymbol{T}
$$

通过得到的齐次变换矩阵，可以计算出末端的位置。具体计算过程如下：

$$
x={}^{0}_{6}\boldsymbol{T}(1,4),\ y={}^{0}_{6}\boldsymbol{T}(2,4),\ z={}^{0}_{6}\boldsymbol{T}(3,4)
$$

$$
roll=\arctan\left[\frac{{}^{0}_{6}\boldsymbol{T}(3,3)}{\cos(pitch)}\right]
$$

$$
pitch=\arcsin\left[-{}^{0}_{6}\boldsymbol{T}(3,1)\right]
$$

$$
yaw=\arcsin\left[\frac{{}^{0}_{6}\boldsymbol{T}(2,1)}{\cos(pitch)}\right]
$$

2. 逆运动学公式推导

逆运动学公式要求输入初始位置和角度共 6 个参数，在 Gazebo 仿真软件中默认角度表示为 XYZ 固定角，通过机器人参数计算出能够到达该位置的可能解。由于所用的机器人均为旋转关节，最后需要求出 6 个关节的角度。常见的方法有几何法和解析法。在这里，我们采用解析法去求解机械臂 6 个关节的变量。

首先需要对输入数据进行处理，将其转化为齐次变换矩阵 ${}^{0}_{6}\boldsymbol{T}$。设输入数据为：x，y，z，c，b，a。具体变换形式如下：

$$
{}^{0}_{6}\boldsymbol{T}=\begin{bmatrix}
\cos a\cos b & \cos a\sin b\sin c-\sin a\cos c & \cos a\sin b\cos c-\sin a\sin c & x \\
\sin a\cos b & \sin a\sin b\sin c+\cos a\cos c & \sin a\sin b\cos c+\cos a\sin c & y \\
-\sin b & \cos b\sin c & \cos b\cos c & z \\
0 & 0 & 0 & 1
\end{bmatrix}=\begin{bmatrix}
r_{11} & r_{12} & r_{13} & x \\
r_{21} & r_{22} & r_{23} & y \\
r_{31} & r_{32} & r_{33} & z \\
0 & 0 & 0 & 1
\end{bmatrix}
$$

这个变换矩阵中所有参数都是已知的，接下来需要根据未知角度列出 6 个旋转关节的变换矩阵。如下所示，未知角度设为 $\theta_1\sim\theta_6$，其中 d_1、a_2、d_4、d_6 为机器人已知参数。

$$
{}^0_1T=\begin{bmatrix} C_1 & -S_1 & 0 & 0 \\ S_1 & C_1 & 0 & 0 \\ 0 & 0 & 1 & d_1 \\ 0 & 0 & 0 & 0 \end{bmatrix}
\quad
{}^1_2T=\begin{bmatrix} C_2 & -S_2 & 0 & 0 \\ 0 & 0 & -1 & 0 \\ S_2 & C_2 & 1 & 0 \\ 0 & 0 & 0 & 1 \end{bmatrix}
\quad
{}^2_3T=\begin{bmatrix} C_3 & -S_3 & 0 & a_2 \\ S_3 & C_3 & 0 & 0 \\ 0 & 0 & 1 & 0 \\ 0 & 0 & 0 & 1 \end{bmatrix}
$$

$$
{}^3_4T=\begin{bmatrix} C_4 & -S_4 & 0 & 0 \\ 0 & 0 & -1 & d_4 \\ S_4 & C_4 & 1 & 0 \\ 0 & 0 & 0 & 1 \end{bmatrix}
\quad
{}^4_5T=\begin{bmatrix} C_5 & -S_5 & 0 & 0 \\ 0 & 0 & 1 & 0 \\ -S_5 & -C_5 & 0 & 0 \\ 0 & 0 & 0 & 1 \end{bmatrix}
\quad
{}^5_6T=\begin{bmatrix} C_6 & -S_6 & 0 & 0 \\ 0 & 0 & -1 & -d_6 \\ S_6 & C_6 & 1 & 0 \\ 0 & 0 & 0 & 1 \end{bmatrix}
$$

接下来用解析法求解 6 个关节角度。首先求解 θ_1，观察由未知角度组成的矩阵 ${}^1_6T$：

$$
{}^1_6T={}^1_2T\,{}^2_3T\,{}^3_4T\,{}^4_5T\,{}^5_6T
$$

观察到：

$$
{}^1_6T(2,3)=C_5S_4
$$

其比值为已知定值参数 d_6，而由已知参数组成的 ${}^0_6T$ 也可以通过乘以仅含 θ_1 的变换矩阵的逆矩阵得到 ${}^1_6T$：

$$
{}^1_6T=({}^0_1T)^{-1}\,{}^0_6T
$$
$$
{}^1_6T(2,3)=C_1r_{23}-S_1r_{13}
$$
$$
{}^1_6T(2,4)=C_1y-S_1x
$$

因此有：

$$
d_6=\frac{C_1y-S_1x}{C_1r_{23}-S_1r_{23}}
$$
$$
\theta_1=\arctan\left(\frac{d_6r_{23}-y}{d_6r_{13}-x}\right)
$$

接下来求 θ_3，观察由未知角度组成的矩阵 ${}^1_5T$：

$$
{}^1_5T={}^1_2T\,{}^2_3T\,{}^3_4T\,{}^4_5T
$$

观察到其中 2 项的平方和可以简化成仅含 θ_3 的形式：

$$
{}^1_5T(1,4)=C_2a_2+d_4S_{2+3}
$$
$$
{}^1_5T(3,4)=S_2a_2-d_4C_{2+3}
$$
$$
(C_2a_2+d_4S_{2+3})^2+(S_2a_2-d_4C_{2+3})^2=a_2{}^2+d_4{}^2+2a_2d_4S_3
$$

再将已知参数的 $_6^0\boldsymbol{T}$ 变换成 $_5^1\boldsymbol{T}$：

$$_5^1\boldsymbol{T} = \left(_1^0\boldsymbol{T}\right)^{-1} {}_6^0\boldsymbol{T} \left(_6^5\boldsymbol{T}\right)^{-1}$$

$$_5^1\boldsymbol{T}(1,4) = C_1 x + S_1 y - d_6 r_{13} C_1 - d_6 r_{23} S_1$$

$$_5^1\boldsymbol{T}(3,4) = z - d_1 - d_6 r_{33}$$

其中，参数均为已知量，因此有：

$$\theta_3 = a\sin\left[\frac{(x\cos\theta_1 + y\sin\theta_1 - d_6 r_{23}\cos\theta_1 - d_6 r_{23}\sin\theta_1)^2 + (z - d_1 - d_6 r_{33})^2 - a_2^2 - d_4^2}{2a_2 d_4}\right]$$

下面求解 θ_2，观察由未知角度组成的矩阵 $_5^0\boldsymbol{T}$：

$$_5^0\boldsymbol{T}(3,4) = d_1 + S_2 a_2 - d_4 C_{2+3}$$

再将已知参数的 $_6^0\boldsymbol{T}$ 变换成 $_5^0\boldsymbol{T}$：

$$_5^0\boldsymbol{T} = {}_6^0\boldsymbol{T}\left(_6^5\boldsymbol{T}\right)^{-1}$$

$$_5^0\boldsymbol{T}(3,4) = z - d_6 r_{33}$$

因此联立求解：

$$(d_4 S_3 + a_2) = S_2 - d_4 C_3 C_2 = z - d_6 r_{33} - d_1$$

这里需要配凑角来辅助解出结果，设为 α：

$$\alpha = \arccos\left[\frac{d_4 S_3 + a_2}{\sqrt{(d_4 S_3 + a_2)^2 + (d_4 C_3)^2}}\right]$$

$$\sin(\theta_2 - \alpha) = \frac{z - d_6 r_{33} - d_1}{\sqrt{(d_4 S_3 + a_2)^2 + (d_4 C_3)^2}}$$

$$\theta_2 = \arcsin\left[\frac{z - d_6 r_{33} - d_1}{\sqrt{(d_4 S_3 + a_2)^2 + (d_4 C_3)^2}}\right] + \alpha$$

下面求解 θ_5，观察由未知角度组成的矩阵 $_6^3\boldsymbol{T}$：

$$_6^3\boldsymbol{T}(2,3) = C_5$$

将已知参数的 $_6^0\boldsymbol{T}$ 变换成 $_6^3\boldsymbol{T}$：

$$_6^3\boldsymbol{T} = \left(_1^0\boldsymbol{T}\,_2^1\boldsymbol{T}\,_3^2\boldsymbol{T}\right)^{-1} {}_6^0\boldsymbol{T}$$

$$_6^3\boldsymbol{T}(2,3) = r_{33} C_{2+3} - r_{23} S_1 S_{2+3} - r_{13} C_1 S_{2+3}$$

因此有：

$$\theta_5 = \arccos\left(r_{23}S_1S_{2+3} + r_{13}C_1S_{2+33} - r_{33}C_{2+3}\right)$$

下面求解 θ_4 和 θ_6，观察由未知角度组成的矩阵 ${}_6^1\boldsymbol{T}$，观察到：

$$ {}_6^1\boldsymbol{T}(2,3) = C_5S_4 $$

再将已知参数的 ${}_6^0\boldsymbol{T}$ 变换成 ${}_6^1\boldsymbol{T}$：

$$ {}_6^1\boldsymbol{T} = \left({}_1^0\boldsymbol{T}\right)^{-1}{}_6^0\boldsymbol{T} $$

$$ {}_6^1\boldsymbol{T}(2,3) = C_1r_{23} - S_1r_{23} $$

因此有：

$$ \theta_4 = \arcsin\left(\frac{C_1r_{23} - S_1r_{13}}{C_5}\right) $$

观察上述 ${}_6^1\boldsymbol{T}$，发现存在恒等式：

$$ -\left(r_{11}\cos\theta_1\sin(\theta_2+\theta_3) + r_{21}\sin\theta_1\sin(\theta_2+\theta_3) - r_{31}\cos(\theta_2+\theta_3)\right) = \cos\theta_6\sin\theta_5 $$

$$ r_{12}\cos\theta_1\sin(\theta_2+\theta_3) + r_{22}\sin\theta_1\sin(\theta_2+\theta_3) - r_{32}\cos(\theta_2+\theta_3) = \sin\theta_6\sin\theta_5 $$

将其上下相比，得出：

$$ \theta_6 = a\tan\left\{\frac{r_{12}\cos\theta_1\sin(\theta_2+\theta_3) + r_{22}\sin\theta_1\sin(\theta_2+\theta_3) - r_{32}\cos(\theta_2+\theta_3)}{-\left[r_{11}\cos\theta_1\sin(\theta_2+\theta_3) + r_{21}\sin\theta_1\sin(\theta_2+\theta_3) - r_{31}\cos(\theta_2+\theta_3)\right]}\right\} $$

至此，6 个角度都通过解析法解出。

3. 路径规划算法的比较

给定目标点的位置，规划出从开始位置到目标位置的路径，就需要用到路径规划算法。常见的路径规划算法有 PRM、PRM-Star、RRT、RRT-Star、RRT-Connect 等。此外，路径还需要满足躲避障碍物以及满足自身运动性能的要求，而且更短的搜索时间有利于提高机械臂的动态响应能力。为此，我们利用 ROS 仿真开发环境，测试了不同规划算法的平均计算用时。测试结果如表 1 所示。

表 1　不同规划算法的平均计算用时

单位：s

算法	PRM	PRM-Star	RRT	RRT-Star	RRT-Connect
TEST1	5.188	5.303	1.331	5.089	0.335
TEST2	5.163	5.315	1.267	5.186	0.287
TEST3	5.184	5.125	1.445	5.142	0.254
TEST4	5.083	5.170	1.195	5.124	0.363

对比各算法的用时可知，RRT-Connect 算法在规划速度上明显优于其他算法。RRT-Connect 算法是由 RRT 算法改进而来的，从起点和终点同时生长 2 棵快速的拓展随机树来搜索状态空间，效率和搜索速度都有明显提高。因此，我们在后续的机械臂路径规划上主要使用 RRT-Connect 算法。

（二）SIFT 算法

SIFT（尺度不变特征变换匹配）算法用于检测与描述图像中的局部性特征，在空间尺度中寻找极值点，并提取出其位置、尺度、旋转不变量，对视角变化、仿射变换、噪声也保持一定程度的稳定性。

SIFT 算法主要是只要找到多于 3 对物体间的匹配点，就可以通过射影几何的理论建立它们的一一对应。SIFT 算法的基础是稳定点，即找灰度图的局部最值，由于数字图像是离散的，想求导和求最值这些操作都使用滤波器。SIFT 采用图像金字塔的方法解决使用同一尺寸的滤波器对 2 幅含有不同尺寸的同一物体的图像求局部最值可能产生某幅图最值点缺失这一问题。有了图像金字塔，就可以对每一层求出局部最值。有稳定点后，以该点为中心取出一小块区域，找出区域内的某些特征，让这些特征附于稳定点上，使之成为更稳固的特征点，遇到旋转的情况时找到主方向，然后向它看齐。SIFT 在图像的不变特征提取方面拥有无与伦比的优势；但也存在一些缺点，包括实时性不高、有时特征点较少、对边缘光滑的目标无法准确提取特征点等。

实现步骤如下。

（1）尺度空间极值检测

搜索所有尺度上的图像位置。通过高斯微分函数来识别潜在的对于尺度和旋转不变的点。每个像素的值都是周围相邻像素值的加权平均，相邻像素随着距离原始像素越来越远，其权重也越来越小。使用二维的高斯模板可以模糊图像，但是会因模板矩阵的关系而造成边缘图像缺失。

（2）关键点定位

在每个候选的位置上，通过一个拟合精细的模型来确定位置和尺度。关键点的选择取决于它们的稳定程度。在图像信息处理模型中引入尺度参数，通过连续变化尺度参数获得多尺度下的尺度空间表示序列，对这些序列进行尺度空间主轮廓的提取，并以该主轮廓作为一种特征向量，实现边缘、角点检测和不同分辨率上的特征提取。

（3）方向确定

基于图像局部的梯度方向，给每个关键点位置分配一个或多个方向。所有后面的对图像数据的操作都相对于关键点的方向、尺度和位置进行变换，从而提供对于这些变换的不变性。

（4）关键点描述

在每个关键点周围的邻域内，在选定的尺度上测量图像局部的梯度。这些梯度被变换成一种表示，这种表示允许比较大的局部形状的变形和光照变化。每一个关键点都拥有位置、尺度及方向 3 个信息。用一组向量将关键点描述出来，使其不随各种变化而改变。基于 SIFT 算法的匹配结果见图 3。

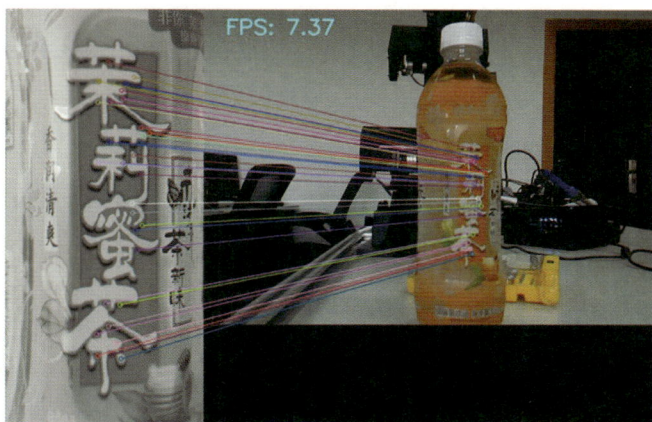

图 3　基于 SIFT 算法的匹配结果

（三）YOLO 算法

在使用基本的检测算法实现物体识别之后，我们考虑在物体识别与检测方面引入深度学习算法，用于更加精准和快速地从实时双目相机中检测到我们想要抓取的物体。这里我们考虑使用 YOLOv4 算法。YOLOv4 算法基于 YOLOv3 算法改进而来；YOLOv3 算法被广泛应用于目标检测任务，在人脸识别、客流统计等方面发挥着巨大的作用。然而，YOLOv3 算法虽然具有较高的检测速度，但检测准确率相比于目前最先进的目标检测算法仍有不少差距。我们在一次实时视频测试中发现，该算法错误地将一辆摩托车识别成行人。因此，我们有必要采用更为准确的算法，同时，由于检测速率的要求，我们采用 YOLOv3 算法的改进版——YOLOv4 算法。YOLOv4 算法网络结构模型见图 4。

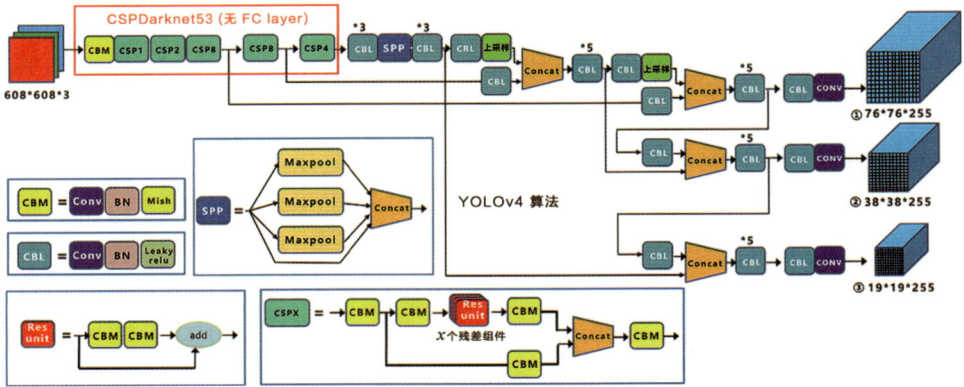

图 4　YOLOv4 算法网络结构模型

相较于经典的 YOLOv3 算法，YOLOv4 算法具有如下特性。

在输入图片方面，借鉴 CutMix 数据增强的方式采用 Mosaic 对输入的图片进行预处理，每次选取 4 张图片，对这 4 张图片采用随机缩放、随机裁剪、随机排布的方式进行拼接，与之对应的标注信息也进行相应调整。这样做的好处是大大丰富了检测数据集，特别是随机缩放、增加了很多小目标，让网络的鲁棒性更好。

在网络结构方面，YOLOv4 算法采用 CSPDarknet53 取代之前的 Darknet32，更好地提取图片中的目标的特征信息，同时采用 Dropblock 去掉一部分相邻的整片区域，来防止过拟合现象的出现。

在损失函数方面，采用 CIOU_Loss 代替 IOU_Loss，其中 L_{CIOU} 的计算公式为：

$$L_{\text{CIOU}} = 1 - \text{IOU} + \frac{p^2(b, b_{\text{gt}})}{C^2} + \alpha v$$

$$\alpha = \frac{v}{(1 - \text{IOU}) + v}$$

$$v = \frac{4}{\pi^2}\left[\arctan\frac{w_{\text{gt}}}{h_{\text{gt}}} - \arctan\left(\frac{w}{h}\right)\right]^2$$

式中：IOU 表示预测框与真实框的交并比，而最后一项为预测框与真实框中心点的欧几里得距离；p 表示欧式距离算子；b、b_{gt} 分别表示预测框和真实框的中心点；C 为预测框与真实框的最小外接矩形对角线的长度；w、w_{gt} 分别表示预测框和真实框的宽；h、h_{gt} 分别表示预测框和真实框的高。

CIOU_Loss 的提出，提升了近 6% 的检测平均精度。

在候选框筛选方面，采用 DIOU_nms 代替之前的 NMS 算法，解决了当 2 个不同物体挨得很近时，NMS 算法会错误地将 2 个物体视为 1 个物体的问题。

由于对数据集标注的工作量较大且繁重，我们直接采用目前使用较为广泛的 COCO 数据集，含有 80 个类别，其中也包含我们机械臂的抓取对象 bottle（瓶子）。于是，我们首先对 COCO 数据集进行训练前处理，主要包括图片和对应的检测物体的类别序号、边框的位置，运行训练部分的代码进行神经网络的训练。

将训练好的网络用于检测实验中被抓取的物体，检测物体的结果如图 5、图 6 所示。可以看出，YOLO 算法在识别物体上具有相当高的准确率。

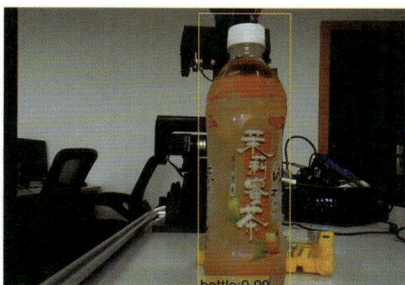

图 5　左相机图像 YOLO 算法识别结果　　图 6　右相机图像 YOLO 算法识别结果

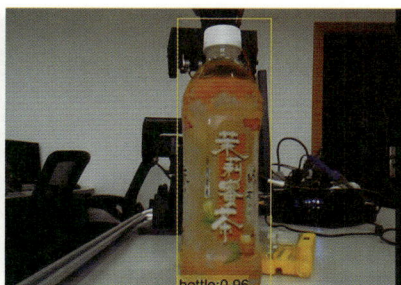

（四）双目匹配及深度信息获取

1. 双目测距原理

双目测距原理如图 7 所示。

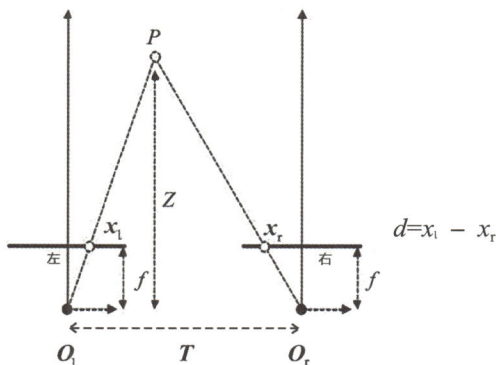

图 7　双目测距原理

O_l、O_r- 左、右摄像头的光心；f- 摄像头的焦距；T-2 个摄像头光心间的距离；P- 空间中的一点；x_l、x_r-P 点在左、右摄像头成像平面上的投影点；d- 视差；Z-P 点的深度

根据相似三角形原理有：

$$\frac{Z}{T}=\frac{Z-f}{d}$$

可得：

$$Z=\frac{Tf}{T-d}$$

摄像头中心距 T 和焦距 f 可通过摄像头标定获取，因此，只要测量出视差 d，即可求得目标的深度。

2. 摄像头参数标定

摄像头参数标定目标是获得左、右 2 个相机的内参、外参和畸变系数。其中内参包括左、右相机的 f_x、f_y、μ_0、v_0。其中，f_x 和 f_y 为相机焦距 f 分别在 x 轴和 y 轴方向上的像素值。（μ_0, v_0）为图像坐标系的原点在像素坐标系中的坐标值。外参包括左相机相对于右相机的旋转矩阵 $\boldsymbol{R}$ 和平移向量 $\boldsymbol{t}$。畸变系数包括径向畸变系数（k_1，k_2，k_3）和切向畸变系数（p_1，p_2）。双目相机标定的原理详解可参考 MATLAB 官方文档，应用时可直接调用 MATLAB 相关工具箱来完成。

双目相机标定结果如图 8 所示。

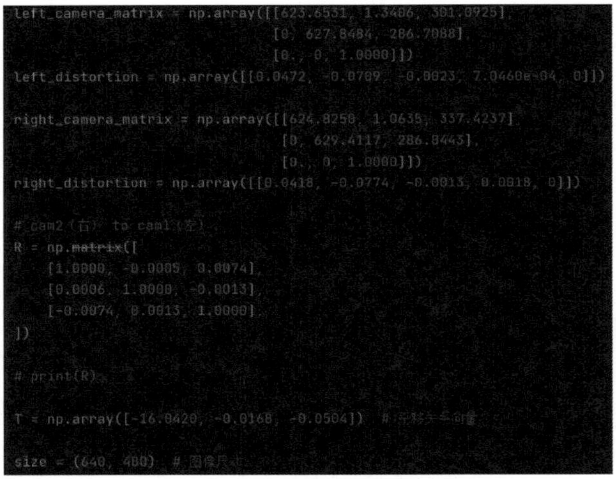

```
left_camera_matrix = np.array([[623.6531, 1.3406, 301.0925],
                               [0, 627.8484, 286.7088],
                               [0., 0, 1.0000]])
left_distortion = np.array([[0.0472, -0.0709, -0.0023, 7.0460e-04, 0]])

right_camera_matrix = np.array([[624.8250, 1.0635, 337.4237],
                                [0, 629.4117, 286.8443],
                                [0., 0, 1.0000]])
right_distortion = np.array([[0.0418, -0.0774, -0.0013, 0.0018, 0]])

# cam2（右） to cam1（左）
R = np.matrix([
    [1.0000, -0.0005, 0.0074],
    [0.0006, 1.0000, -0.0013],
    [-0.0074, 0.0013, 1.0000]
])

# print(R)

T = np.array([-16.0420, -0.0168, -0.0504]) # [illegible]

size = (640, 480) # 图像尺寸
```

图 8　双目相机的标定结果

3. 双目校正

由于摄像头自身光学系统导致的图像畸变，以及 2 个摄像头不严格平行等原

因，需要对摄像头获取的图像进行校正。

（1）畸变消除

透镜的形状会引入径向畸变，而相机的组装过程中由于不能使得透镜和成像面严格平行，则会引入切向畸变。消除畸变的原理如下。

① 将三维空间点投影到归一化图像平面，设定它的归一化坐标（x，y）。

② 对归一化平面上的点进行径向畸变和切向畸变修正。

$$\begin{cases} x'= x\ (\ 1 + k_1r^2 + k_2r^4 + k_3r^6\ ) + 2p_1xy + p_2\ (\ r^2 + 2x^2\ ) \\ y'= y\ (\ 1 + k_1r^2 + k_2r^4 + k_3r^6\ ) + p_1\ (\ r^2 + 2y^2\ ) + 2p_2xy \end{cases}$$

③ 将修正后的点通过内参数矩阵投影到像素平面，得到该点的正确坐标（u，v）。

$$\begin{cases} u = f_xx' + u_0 \\ v = f_yy' + v_0 \end{cases}$$

（2）立体校正（共面行对准）

立体校正的目的是将拍摄于同一场景的左、右 2 个视图进行数学上的投影变换，使得 2 个成像平面平行于基线，且同一个点在左、右 2 幅图中位于同一行，简称共面行对准。只有达到共面行对准以后，才可以应用三角原理计算距离，且只需在行方向进行一维搜索，即可找到对应的匹配点。

经过校正后的双目相机输出如图 9 所示。

图9　经过校正后双目相机的输出结果

4. 双目匹配

双目匹配的目标是在校正后的左、右视图中找到对应的匹配点对，计算对应点对的视差，从而生成视差图。光学失真与噪声、平滑物体表面的镜面反射、透视失真、低纹理、重复纹理、透明物体、重叠遮挡和非连续等均会对双目匹配产生影响。

（1）匹配相似性指标

目前应用最为广泛的是灰度相似性测量，另外也可以使用 RGB 值等作为相似性指标，但灰度值为单通道指标，计算量大幅减少，能够有效提高匹配速度；同时灰度值也能反映大部分纹理信息，能够满足一般的立体匹配要求。

在计算视差图之前，先将图像转化成灰度图，这样每个像素点我们只有单通道灰度值 [0~255]。对于灰度相似性测量来说，常用的方法有：灰度值平方差之和 SSD（Sum of squared differences）以及灰度值绝对差之和 SAD（Sum of absolute differences）等。以 SAD 法为例，计算像素块内像素点矩阵的 SAD，通过相减，得到的 SAD 值越小，代表 2 个像素块越相似。

（2）SGBM 算法

SGBM（半全局块匹配）算法的原理为：选取匹配基元，构建基于多个方向的扫描线的能量代价函数，通过求取能量代价函数的最优解来确定最佳匹配效果。与 BM（块匹配）算法的局部匹配不同，其作为一种全局匹配算法，通过逐像素局部匹配得到各像素点的初步视差（Disparity），组成视差图后，构建一个基于视差图的全局能量函数，通过迭代计算，使该能量函数最小化，以求解最优匹配效果。

由于在二维图像中寻找最优解耗时较多，且考虑到一个像素块有 8 个相邻像素，即认为像素点是 8 连通的，故可用分解为 8 向的一维约束来接近二维约束以进行匹配计算。而每个一维求解都可以用动态规划法来解决。

（3）立体匹配的结果

经过立体匹配得到的深度图如图 10 左图所示，其中右图为左图的伪色图，仅将灰度信号映射为彩色信号，用于增强显示效果。

图 10　立体匹配后获得的深度图与伪色图

（4）深度信息的获取

获得深度图后，我们可以通过坐标变换来计算出目标物体在空间中的具体位置。由深度图获取的目标距离数据如图 11 所示。

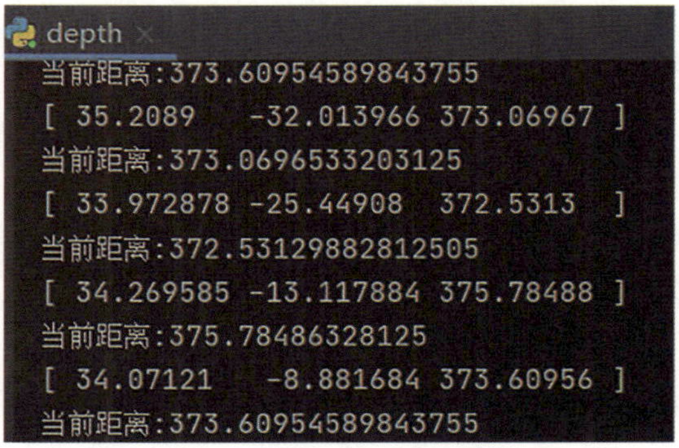

图 11　实时输出目标的位置信息

（五）物体移动的控制抓取

移动饮料瓶模拟物体运动的情况，通过目标检测与立体匹配算法，利用 ROS 实时反馈目标的空间坐标，并将该双目相机获取的空间坐标转换到机器人坐标下，实时规划机械臂的运动路径并进行执行，可以实现缓慢移动情况下的机械臂随动抓取。

由于我们使用的双目相机与机械臂的相对位置是固定的，因此只需要通过简单的坐标转换，就能实现将目标在双目相机获取空间坐标转换到机器人坐标系下，用于给定机械臂运动的终点位置。此外，机械臂部分关节采用步进电机，抓取前均需要多次调整相关参数，会对抓取的重复性产生不小的影响。

三、课题的主要结论

通过本项目的研究学习，如正、逆运动学的推导以及对比不同的空间路径规划算法，我们对机械臂的结构与控制有了更加深入的了解。在目标检测与识别方面，我们首先采用传统的 SIFT 算法，将摄像头实时图像与事先拍摄好的目标图像进行特征点提取和比对，结合深度图获取目标的空间坐标信息。此外，我们还进一步探究使用 YOLO 算法进行更精确的目标检测。

为了抓取移动的物体，我们考虑采用双目摄像头实时反馈目标空间坐标的方式，并实时将物体的空间坐标发送给机械臂，实时计算机器人的运动轨迹，当机械臂与物体足够接近时进行抓取。但在项目中我们并未考虑物体的运动轨迹预测，这也是我们今后需要进一步改进和完善的重点。

四、参考文献

[1]　党浩明. 六自由度机械臂运动规划. 北京：北京信息科技大学, 2018.

[2]　方壮. 基于点特征的图像配准技术研究. 重庆：重庆大学, 2011.

[3]　马强. 六自由度机械臂轨迹规划研究. 哈尔滨：哈尔滨工程大学, 2007.

[4]　张耀宗. 图像匹配算法的研究与应用. 太原：太原理工大学, 2010.

[5]　Bochkovskiy A, Wang C Y, Liao H Y M. YOLOv4: Optimal Speed and Accuracy of Object Detection[Z/OL]. arXiv, 2020[2022-10-26]. http://arxiv.org/abs/2004.10934.

[6]　Redmon J, Divvala S, Girshick R, et al. You Only Look Once: Unified, Real-Time Object Detection[C/OL]//2016 IEEE Conference on Computer Vision and Pattern Recognition (CVPR). Las Vegas, NV, USA: IEEE, 2016: 779-788[2022-12-16]. http://ieeexplore.ieee.org/document/7780460/. DOI:10.1109/CVPR.2016.91.

[7]　Redmon J, Farhadi A. YOLOv3: An Incremental Improvement[Z/OL]. arXiv, 2018[2022-10-26]. http://arxiv.org/abs/1804.02767.

"字如其人？——大学生笔迹和人格的计算社会学分析"课题总结报告

课题组成员：王卓瑜、沈栩捷、王则徐

指导教师：范晓光

一、概述

总体而言，国外的笔迹学研究比国内更成熟、更系统，相关研究的文献丰富，研究现象主要有二。第一，"笔迹和人格之间是否存在相关关系"一直以来是备受争议的问题。20 世纪 80 年代，笔迹学的应用在欧洲已经十分广泛，然而笔迹学的效度一直没有定论。从 20 世纪 80 年代到 2010 年前后，理论界依旧在争辩笔迹学的效度问题，因为虽然许多研究表明笔迹和人格之间存在关系，但是也有相当一部分研究利用数据得出两者关系不显著甚至存在相悖的情况，因此该问题仍旧有待考察。第二，对笔迹的分析从"整体型"转向"分析型"，根据传统的手工测量数据，应用统计软件回归的方式得出笔记和人格关系的研究众多，新兴的机器学习提取特征并训练形成的模型也逐渐出现在该领域。不过已有的机器学习研究多半是出于对技术和应用的追求，而非起源于心理学或人文社科领域的某一问题意识。

国内笔迹与人格的研究发展相对较晚，研究内容分散且数量少，尚未形成完整的研究系统。从 20 世纪 60 年代到 21 世纪初，杨国枢、江勇、王高强等学者相继开展了笔迹心理分析的实证研究。这些研究大多以局部特征提取作为数据进行分析，证明了特定汉字的笔画和人格之间的确存在相应的关系。对于其他变量对笔迹的影响，只有"性别"这一变量被多个学者关注。值得注意的是，王高强首次利用计算机软件提取笔迹特征，突破了传统的物理测量的局限，利用 Excel 整理数据集，并且利用 SPSS 软件对提取的 24 个特征进行因子分析，同时引入人口学变量"性别、年龄、体型和受教育程度"对不同组别进行分析。但是国内利用机器学习进行的"笔迹学"研究还未出现。

因此根据文献综述，发现国内外利用机器学习来重新检视笔迹与人格关系的研究尚少，国内对于汉字笔迹特征和人格关系的研究数量少，同时缺乏效度的检验。更为重要的是，笔迹学研究忽略了父母受教育程度、年龄、户口、性别等社会人口学变量对笔迹的影响和解释。同时，国外和国内主流的笔迹分析法大多通过局部提取讨论笔迹特征与特定人格维度的关系，缺乏对字体整体性的把握。因此，本研究利用机器学习的方法，首先，进一步检验笔迹预测人格的可靠性；其次，克服传统多元回归提取笔迹特征、信息使用不完全的困难；再次，通过利用训练好的模型预测笔迹的结果与心理量表结果的差异，以及社会人口学变量回归，来考察不同人群的预测准确率是否不同，即探讨社会人口学变量对笔迹和人格关系预测的影响。

二、研究设计

（一）研究对象

本文的研究对象是杭州市 18~22 岁的在校大学生，数据从浙江大学、浙江工业大学、浙江树人大学这 3 所学校收集，每所学校收集 100 份数据。通过线上、线下发布通知的方式招募被试者。

（二）变量与测量

在回归分析中，本研究的因变量为二分变量，即利用训练好的模型预测笔迹的结果是否与心理量表结果一致。

本研究采用的是艾森克人格问卷简氏量表中国版（EPQ-RSC）。该量表由钱铭怡等根据 30 个省份的 8637 人的样本数据修订而成，包含 E、P、N、L 4 个分量表。其中，E 为内外向量表；N 为神经质量表；P 为精神质量表；L 用于测谎，回答是或否。4个分量表结果最终以标准分数呈现。每个分量表各有12个项目。其中，E、N、L 3个分量表的信度和效度高；P分量表的信度和效度达到心理测量学标准，适用于16岁以上的对象。该量表简洁、有效，可以在测试时间紧张时顺利测量人格，保持与先前研究的一致性和连续性。

自变量为是否练过书法、父母受教育程度、月生活费、大学类型。

长时间对某种字体的模仿可能会让部分笔迹特征映射关系不明显，会对笔迹造成较强的影响，因此要考察"练字与否"对模型准确度的影响。

月生活费体现学生家庭的经济情况，考虑到较大比例的学生对家庭年总收入不太知情，而月生活费不仅能够反映家庭的经济条件，而且缺失值少，因此选择月生活费来测量。

不同层级的学校说明大学生群体在学历上存在差异。通过研究发现，受教育程度会对个人笔迹造成影响。尹磊等的研究发现，小学初中组和高中中专及大专以上组差异最大，主要体现在字体大小和占用空间上，推测学历低的人相对比较保守，喜欢按部就班的工作，对空间占有欲低；学历相对高的人比较自信，有开拓精神。因此，通过在大学生群体中引入学历差异的探讨，是有必要的。

控制变量选择出生地、初中学校所在地、性别。

小学是笔迹的形成阶段，初中是笔迹的稳固阶段；初中的就学环境可部分反映家庭的教育资源；高中一般是由中考成绩确定的，因此高中不完全反映家庭的教育资源；此外，高中大多在城市。因此，选择初中学校所在地作为教育资源的体现。

社会对男性与女性的笔迹规范和要求不同。研究表明，女性的笔迹整体上更为整齐，少潦草，因此性别也作为重要的变量纳入。

不同等级的学校旨在说明大学生群体在学历上存在差异。

在机器学习中，模型的输入端为处理后的笔迹图片，输出端有3个维度，即E、P、L，每个维度中有5类，即典型内向型、倾向内向型、中间型、倾向外向型、典型外向型。

（三）研究方法

在机器学习中主要采用卷积神经网络方法，在回归中使用逻辑斯蒂回归方法。

三、研究结论

（一）机器学习

1. 数据处理

（1）生成标签

首先处理问卷中的数据。根据人格量表公式算出每个人的人格得分。人格量表具体分为 N、E、P、L 4 种，每种人格维度都会根据表 1 进行分类，依次是典型内向型、倾向内向型、中间型、倾向外向型、典型外向型。数据清理完成后，将生成 4 个 Excel 表格，其内容包含 2 列：一列是被试者编号，另一列是被试者在某一个人格量表下的人格类型。为了训练方便，我们将人格类型映射成数字，用以表示某一人格量表下 5 种不同的类型。这 4 个 Excel 表格就是之后用于分类任务的标签文档。

人格量表公式如下：

$$人格得分\ T=50+\frac{被试原始分-该人所在组的均值}{该人所在组的标准差}\times10$$

表 1　分类范围（以 E 内外向量表为例）

分数	类型
$T \leqslant 38.5$	典型内向型
$38.5 < T \leqslant 43.3$	倾向内向型
$43.3 < T \leqslant 56.7$	中间型
$56.7 < T \leqslant 61.5$	倾向外向型
$T > 61.5$	典型外向型

（2）切割图片

由于输入神经网络的图片像素大小需要固定，且不能处理像素太大的图像，因此要对图像进行分割。本次选用的神经网络模型要求图像像素为 224×224（见图 1），实际图像像素为 6000×4000。经过切割后，不仅满足了模型的要求，而且增加了数据量。切割后的一部分图片是没有字的，本研究选择计算图片某一颜色通道的方差，设定一定的阈值后，过滤那些无字的图片。最后本研究还是保留了一小部分没有字的图片，以防止模型过拟合。

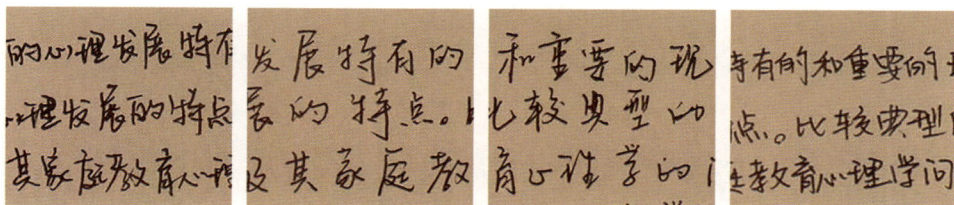

图1　切割后的图片

（3）分割数据集

为了能够验证模型的准确性，需要将数据集分成训练集和测试集，用来测试模型的准确度。根据相关研究，一般将数据集分成80%的训练集和20%的测试集。因此，本研究把切割后的图片和相应的标签数据都进行了分割，得到训练集和数据集。

（4）训练模型

该机器学习部分可以归结为图片分类问题，而处理图片比较方便的神经网络就是卷积神经网络，它省去一般的神经网络中特征工程的部分，可以在卷积的时候自动提取图片特征。而卷积神经网络根据其架构的不同，有很多变种。本研究选择预训练好的卷积神经网络，使预训练后的卷积神经网络中已经训练好的特征提取层的参数不变，最后只需训练分类层的参数即可。如此可以快速得出训练模型，且效果会更好。

本研究选择的预训练模型是 Vgg-16（见图2），它在 ImageNet 数据集上及迁移学习中有比较好的表现（迁移学习就是之前所说的，使用预训练模型的一部分参数，另一部分参数由自己训练的模式）。

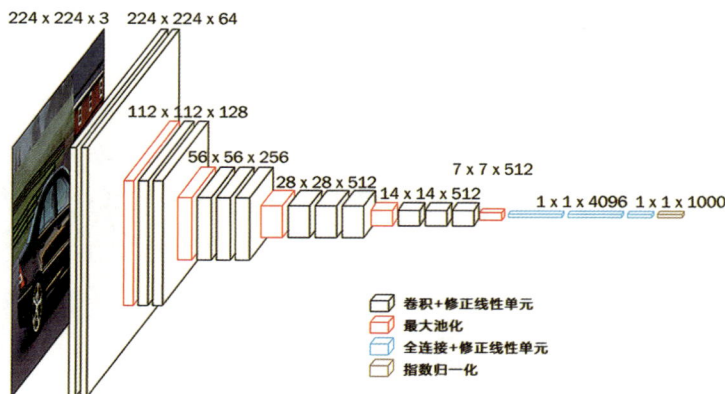

图2　Vgg-16 模型图形解析

2. 最终结果

经过训练后，模型对 P、N、E、L 4 种量表中人格类型的预测准确率分别为 52%、39%、49%、51%，均大于随机准确率 20%。这说明笔迹和人格确实存在一定的相关关系，其中神经质维度的相关关系较内外向维度和精神质维度低。

（二）社会人口学变量与人格的回归

1. 社会人口学变量与神经质

首先加入性别、出生地和初中所在地这 3 个控制变量，之后逐渐嵌套是否练字、父亲受教育程度和母亲受教育程度。加入所有的自变量后，观察模型 4（见表 2），发现这些社会人口学变量都对差异没有显著的影响，说明练字和不练字不会影响模型对人格估计的准确性；父母受教育程度和月生活费不会对神经质程度估计的准确性产生显著影响。

表 2　社会人口学变量和神经质程度的回归分析

变量	模型 1	模型 2	模型 3	模型 4	模型 5
女性	−0.0204	−0.0261	0.0187	0.0000861	0.0333
	(0.354)	(0.355)	(0.357)	(0.359)	(0.362)
出生于农村	−0.269	−0.279	−0.0186	−0.0153	0.0157
	(0.398)	(0.399)	(0.465)	(0.467)	(0.471)
其他	−1.059	−1.034	−1.001	−1.016	−1.012
	(0.774)	(0.777)	(0.780)	(0.781)	(0.785)
初中在乡镇	0.544	0.555	0.607	0.634	0.654
	(0.390)	(0.391)	(0.394)	(0.396)	(0.398)
其他	0	0	0	0	0
不练字		0.205	0.311	0.341	0.345
		(0.330)	(0.342)	(0.345)	(0.347)
父亲受教育程度			0.00154	−0.00496	−0.00316
			(0.0601)	(0.0607)	(0.0612)
母亲受教育程度			0.0664	0.0644	0.0536
			(0.0581)	(0.0582)	(0.0598)
月生活费				0.000211	0.000209
				(0.000301)	(0.000302)
浙江树人大学					−0.283
					(0.364)
浙江大学					0.116
					(0.383)

续表

变量	模型 1	模型 2	模型 3	模型 4	模型 5
常数项	−0.315	−0.462	−1.448	−1.733	−1.617
	(0.366)	(0.437)	(0.972)	(1.058)	(1.083)
观察值	199	199	199	199	199
对数似然函数值	−134.18	−133.98	−133.04	−132.80	−132.15

注：括号中数值表示标准误差。

2. 社会人口学变量与内外向

和表 2 一样，首先加入性别、出生地和初中所在地这 3 个控制变量，不断嵌套自变量，最终发现模型 4 中没有自变量影响显著（见表 3）。这说明是否练字、父母受教育程度如何、月生活费多少并不会使得人格预测模型得出的内外向程度结果在人群之间产生差异。

表 3　社会人口学变量和内外向程度的回归分析

变量	模型 1	模型 2	模型 3	模型 4	模型 5
女性	0.419	0.417	0.452	0.445	0.463
	(0.357)	(0.357)	(0.360)	(0.361)	(0.363)
出生于农村	−0.253	−0.256	−0.0699	−0.0688	−0.0462
	(0.392)	(0.392)	(0.455)	(0.455)	(0.458)
其他	0.0664	0.0799	0.108	0.101	0.109
	(0.700)	(0.703)	(0.707)	(0.707)	(0.708)
初中在乡镇	0.391	0.395	0.432	0.441	0.460
	(0.381)	(0.381)	(0.384)	(0.386)	(0.388)
其他	0	0	0	0	0
不练字		0.0844	0.159	0.169	0.165
		(0.322)	(0.333)	(0.336)	(0.337)
父亲受教育程度			0.00576	0.00346	0.00302
			(0.0588)	(0.0595)	(0.0599)
母亲受教育程度			0.0422	0.0415	0.0381
			(0.0565)	(0.0566)	(0.0580)
月生活费				0.0000739	0.0000804
				(0.000297)	(0.000298)
浙江树人大学					−0.310
					(0.355)
浙江大学					−0.119
					(0.378)

续表

变量	模型 1	模型 2	模型 3	模型 4	模型 5
常数项	−0.509	−0.570	−1.272	−1.372	−1.214
	(0.370)	(0.437)	(0.951)	(1.034)	(1.054)
观察值	200	200	200	200	200
对数似然函数值	−136.70	−136.67	−136.22	−136.19	−135.79

注：括号中数值表示标准误差。

3. 社会人口学变量与精神质

首先加入性别、出生地和初中所在地这 3 个控制变量，不断嵌套自变量如是否练字、父母受教育程度和月生活费，最终发现模型 4 中没有自变量影响显著（见表 4）。这说明是否练字、父母受教育程度如何、月生活费多少并不会使得人格预测模型得出的精神质程度结果在人群之间产生差异。

表 4　社会人口学变量和精神质程度的回归分析

变量	模型 1	模型 2	模型 3	模型 4	模型 5
女性	0.419	0.417	0.452	−0.155	−0.141
	(0.357)	(0.357)	(0.360)	(0.356)	(0.359)
出生于农村	−0.253	−0.256	−0.0699	−0.488	−0.493
	(0.392)	(0.392)	(0.455)	(0.457)	(0.459)
其他	0.0664	0.0799	0.108	−0.334	−0.332
	(0.700)	(0.703)	(0.707)	(0.714)	(0.715)
初中在乡镇	0.391	0.395	0.432	0.490	0.480
	(0.381)	(0.381)	(0.384)	(0.391)	(0.392)
其他	0	0	0	0	0
不练字		0.0844	0.159	−0.0384	−0.0244
		(0.322)	(0.333)	(0.336)	(0.337)
父亲受教育程度			0.00576	0.0439	0.0480
			(0.0588)	(0.0596)	(0.0598)
母亲受教育程度			0.0422	0.0256	0.0190
			(0.0565)	(0.0563)	(0.0575)
月生活费				0.0000715	0.0000561
				(0.000299)	(0.000301)
浙江树人大学					0.230
					(0.356)
浙江大学					0.370
					(0.382)

续表

变量	模型 1	模型 2	模型 3	模型 4	模型 5
常数项	−0.509	−0.570	−1.272	−0.681	−0.851
	(0.370)	(0.437)	(0.951)	(1.030)	(1.053)
观察值	200	200	200	200	200
对数似然函数值	−136.40	−136.30	−135.45	−135.42	−134.93

注：括号中数值表示标准误差。

4. 小结

总结上述回归结果，得出以下结论：本研究所关注的自变量，如是否练字、大学类型、父母受教育程度、月生活费，并没有对利用训练好的模型预测笔迹的结果与心理量表结果的差异造成显著影响，这说明练字和没练字的学生、不同大学的学生、父母受教育程度不同的学生、月生活费不同的学生拥有相同的笔迹和人格映射关系。这间接说明上述变量并不会真正影响笔迹和人格之间的关系。

本研究可以对先前的问题进行回应：机器学习的结果证明大学生的笔迹和人格确实存在对应关系，经过训练后，模型对于 P、N、E、L 4 种量表中人格类型的预测准确率分别为 52%、39%、49%、51%，均大于随机准确率 20%，其中神经质维度的相关关系较内外向维度和精神质维度的低。回归结果说明，本研究的社会人口学变量并未对笔迹和人格的映射关系产生显著影响。虽然如此，回归的尝试依旧为后续优化机器学习模型提供了一个图景，意味着对社会人口学这一可能的遗漏变量的察觉。

四、参考文献

[1] 陈新亮. 山东省优秀篮球裁判员 EPQ-RSC 人格特征的调查与研究. 曲阜：曲阜师范大学, 2019.

[2] 江勇. 笔迹与人格的关系. 上海：华东师范大学, 2008.

[3] 江勇. 汉字笔迹整体特征与人格的关系//第十二届全国心理学学术大会论文摘要集. 中国心理学会, 2009:699.

[4] 江勇, 董巍. 汉字笔迹整体特征不同水平书写者的人格特质研究. 心理研究, 2013(3): 45-50.

[5] 江勇, 孔克勤. 笔迹与人格关系研究的回顾及评价. 心理科学, 2007(5): 1143-1146.

[6]　贾涛涛. 笔迹鉴定与笔迹心理分析比较研究. 兰州: 甘肃政法学院, 2018.

[7]　刘加艳, 郑全全, 时勘. 中文笔迹分析研究进展. 心理科学, 2005(2): 441-443.

[8]　罗震雷, 李洋, 倪首涛. 笔迹心理分析在刑事侦查领域的应用研究综述. 法制博览, 2016(31): 86, 202.

[9]　牛乐. 笔迹布局特征的客观分析及其与人格关系的初探. 太原: 山西医科大学, 2008.

[10]　钱铭怡, 武国城, 朱荣春, 等. 艾森克人格问卷简式量表中国版（EPQRSC）的修订. 心理学报, 2000(3): 317-323.

[11]　秦玉红. 中文笔迹与人格的相关研究. 济南: 山东师范大学, 2008.

[12]　王高强. 应用笔迹特征分析软件对笔迹特征及其与人格关系的研究. 郑州: 郑州大学, 2013.

[13]　尹磊, 王宇中, 申权威. 汉字笔迹主客观评定方法的分析与比较. 心理技术与应用, 2015(3): 8-12.

[14]　张福全. 中国汉字笔迹心理学的发展状况述评. 合肥学院学报（社会科学版）, 2007(3): 111-114.

[15]　Champa H N, Kumar K R. Artificial neural network for human behavior prediction through handwriting analysis. International Journal of Computer Applications, 2010, 2(2): 36-41.

[16]　Dazzi C, Pedrabissi L. Graphology and personality: An empirical study on validity of handwriting analysis. Psychological Reports, 2009, 105(3): 1255-1268.

[17]　Djamal E C, Darmawati R, Ramdlan S N. Application image processing to predict personality based on structure of handwriting and signature//2013 International conference on computer, control, informatics and its applications (IC3INA), 2013: 163-168.

[18]　Eysenck H J, Gudjonsson G. An empirical study of the validity of handwriting analysis. Personality and Individual Differences, 1986, 7(2): 263-264.

[19]　Furnham A, Gunter B. Graphology and personality: Another failure to validate graphological analysis. Personality and Individual Differences, 1987, 8(3): 433-435.

[20]　Gawda B. Lack of evidence for the assessment of personality traits using

handwriting analysis. Polish Psychological Bulletin, 2014, 45(1): 73-79.

[21] Kedar S V, Bormane D S. Automatic personality assessment: A systematic review//2015 International conference on information processing (ICIP), 2015: 326-331.

[22] Rahiman A, Varghese D, Kumar M. Habit: Handwritten analysis based individualistic traits prediction. International Journal of Image Processing (IJIP), 2013, 7(2): 209.

[23] Tett R P, Palmer C A. The validity of handwriting elements in relation to self-report personality trait measures. Personality and Individual Differences, 1997, 22(1): 11-18.

五、附录

附录1　大学生笔迹与人格关系问卷

大家好，我们××科研小组正在开展"××"的课题研究。该研究希望通过探究"社会人口学变量"对笔迹和人格关系可能产生的影响，收集不同院校大学生的笔迹和人格数据，通过机器学习训练生成更加精准的人格预测模型，进而对笔迹学理论进行检验。实验数据我们将完全保密，仅供学术研究之用。

第一部分：个人信息收集

1. 您的性别

　　○男　　　　　　○女

2. 您的专业

　　＿＿＿＿＿＿＿＿＿＿＿＿＿＿＿＿＿＿＿

3. A4纸左下角编号

　　＿＿＿＿＿＿＿＿＿＿＿＿＿＿＿＿＿＿＿

4. 您是否练习过硬笔／软笔书法（为期半年及以上）？

　　○是　　　　　　○否

5. 您出生于＿＿＿＿＿＿？

　　○城市　　　　○农村　　　　　○其他

6. 您初中的学校位于＿＿＿＿＿＿？

　　○城市　　　　○农村　　　　　○其他

7. 您父亲受教育程度如何？
　　○未入学　　　　○小学　　　　　○初中　　　　　○中专
　　○高中　　　　　○大专　　　　　●本科　　　　　○研究生及以上
8. 您母亲受教育程度如何？
　　○未入学　　　　○小学　　　　　○初中　　　　　○中专
　　○高中　　　　　○大专　　　　　●本科　　　　　○研究生及以上
9. 您的月生活费为_____？
　　○1000元及以下　　　　○1001~1500元　　　　○1501~2000元
　　○2001~2500元　　　　○2501~3000元　　　　○3001元及以上

第二部分：人格测量

人格测量答案不分正确与错误，无须过多思考，按照直觉答题即可。

10. 您的情绪是否时起时落？
　　○是　　　　　　　○否

11. 当您看到小孩（或动物）受折磨时，是否感到难受？
　　○是　　　　　　　○否

12. 您是个健谈的人吗？
　　○是　　　　　　　○否

13. 如果您说了要做什么事情，若此事进展不顺利，你都总能信守诺言？
　　○是　　　　　　　○否

14. 您是否会无缘无故地感到"自己很惨"？
　　○是　　　　　　　○否

15. 欠债会使您忧虑吗？
　　○是　　　　　　　○否

16. 您是一个"生机勃勃"的人吗？
　　○是　　　　　　　○否

17. 您是否曾贪图过分外之物？
　　○是　　　　　　　○否

18. 您是个容易被激怒的人吗？
　　○是　　　　　　　○否

19. 您会服用能产生奇异或危险效果的药物吗？
　　○是　　　　　　　○否

20. 您愿意认识陌生人吗？
　　○是　　　　　　　○否

21. 您是否曾经有过明知自己做错了事却责备别人的情况？
　　○是　　　　　　　○否

22. 您的感情容易受伤害吗？

　　○是　　　　　○否

23. 您是否愿意按照自己的方式行事，而不愿按照规则办事？

　　○是　　　　　○否

24. 在热闹的聚会中，您放得开，玩得很开心吗？

　　○是　　　　　○否

25. 您所有的习惯是否都是好的？

　　○是　　　　　○否

26. 您是否经常感到"极其厌倦"？

　　○是　　　　　○否

27. 良好的举止和整洁对于您来说很重要吗？

　　○是　　　　　○否

28. 在结交新朋友时，您经常是积极主动的吗？

　　○是　　　　　○否

29. 您是否有过随口骂人的时候？

　　○是　　　　　○否

30. 您认为自己是一个胆怯不安的人吗？

　　○是　　　　　○否

31. 您是否认为婚姻是不合时宜的，应该废除？

　　○是　　　　　○否

32. 您是否会很容易给一个沉闷的聚会注入活力？

　　○是　　　　　○否

33. 您曾毁坏或丢失过别人的东西吗？

　　○是　　　　　○否

34. 您是个忧心忡忡的人吗？

　　○是　　　　　○否

35. 您爱和别人合作吗？

　　○是　　　　　○否

36. 在社交场合，您是否倾向于待在不显眼的地方？

　　○是　　　　　○否

37. 如果在您的工作中出现了错误，您知道后会感到忧虑吗？

　　○是　　　　　○否

38. 您讲过别人的坏话或脏话吗？

○ 是　　　　　　○ 否

39. 您认为自己是容易精神紧张的人吗？

○ 是　　　　　　○ 否

40. 您是否觉得人们为了未来有保障，在储蓄和保险方面花费的时间太多了？

○ 是　　　　　　○ 否

41. 您是否喜欢和人们在一起相处？

○ 是　　　　　　○ 否

42. 当您还是个小孩的时候，您是否曾有对父母要赖或不听话的行为？

○ 是　　　　　　○ 否

43. 在经历了一件令人难堪的事之后，您是否会为此烦恼很长时间？

○ 是　　　　　　○ 否

44. 您是否努力使自己对人不粗鲁？

○ 是　　　　　　○ 否

45. 您是否喜欢在自己周围有许多热闹和令人兴奋的事情？

○ 是　　　　　　○ 否

46. 您曾在玩游戏时作过弊吗？

○ 是　　　　　　○ 否

47. 您是否因自己的"神经过敏"而感到痛苦？

○ 是　　　　　　○ 否

48. 您愿意让别人怕您吗？

○ 是　　　　　　○ 否

49. 您曾经利用过别人吗？

○ 是　　　　　　○ 否

50. 您喜欢说笑话和谈论有趣的事情吗？

○ 是　　　　　　○ 否

51. 您时常感到孤独吗？

○ 是　　　　　　○ 否

52. 您是否认为遵循社会规范比按照个人方式办事更好一些？

○ 是　　　　　　○ 否

53. 在别人眼里，您总是充满活力吗？

○ 是　　　　　　○ 否

54. 您总能做到言行一致吗？

○ 是　　　　　　○ 否

55. 您是否时常被负疚感所困扰？
　　○是　　　　　　○否
56. 您有时将今天应该做的事情拖到明天去做吗？
　　○是　　　　　　○否
57. 您能使一个聚会顺利地进行下去吗？
　　○是　　　　　　○否

附录 2　抄写材料

　　发展心理学研究中国人的心理发展特有的和重要的现象，也就是揭示在中国文化、经济和政治背景下心理发展的特点。比较典型的有独生子女心理发展特点的研究，即对独生子女心理及其家庭教育心理学问题展开了一系列的研究。1983年后，中文和汉字认知的研究在大陆心理学界很流行。例如，对词频、词境在汉语认知中的作用，汉字音、行、义的认识，汉字的计算机模拟等的发展研究，成为研究中国人认知发展的特殊问题。

附录 3　实验指导语

　　大家好，我们 ×× 科研小组正在开展"××"的课题研究。该研究希望通过探究"社会人口学变量"对笔迹和人格关系可能产生的影响，收集不同院校大学生的笔迹和人格数据，通过机器学习训练生成更加精准的人格预测模型，进而对笔迹学理论进行检验。实验数据我们将完全保密，仅供学术研究之用。

　　今天的实验主要分为四个环节。

　　环节一，面对面建群。问卷链接和报酬将会发送到群里，大家请注意查收。

　　环节二，填写群里发送的电子问卷，时长大约为 7 分钟。听到指令后开始作答。每个人都提交问卷后，进入环节三。

　　环节三，抄写半张 A4 纸上的内容，时长为 5 分钟。听到指令后开始作答，时间到时停止抄写，抄写过程中大家保持自然书写状态即可。

　　环节四，实验结束后，我们会在群中发送红包，大家领取完红包后就可以离开。

　　……

　　本次实验到这里就结束了，感谢大家的配合。

附录 4　实验照片

在各个大学的实验情况见附图 1~ 附图 3。

附图 1　浙江树人大学

附图 2　浙江工业大学

附图 3　浙江大学

"疫情危机下重点人群心理干预模式研究与在线干预系统开发"课题总结报告

课题组成员：黄子鸣、宋天琪、曹汛

指导教师：陈树林、陈杭、沈义民

一、概述

（一）心理健康服务需求巨大

疫情防控、经济下行和全球社会环境动荡带来多重压力，焦虑、抑郁等负面情绪被进一步放大。自从新冠疫情在全球蔓延以来，世界各国的心理咨询求助量已连续翻倍。以焦虑症、抑郁症为代表的心理问题大暴发，让心理健康市场的需求量激增。即使不考虑疫情带来的影响，心理问题的发病率也不容小觑。根据世界卫生组织（WHO）的统计，截至 2017 年，全球约 10 亿人正在遭受精神障碍困扰，每 40 秒就有 1 人因自杀而失去生命；中国患抑郁症的人数已超过 5400 万，中国大学生群体的抑郁症发病率在 23.8%。北京大学第六医院黄悦勤教授等在《柳叶刀·精神病学》发表的研究文章指出，中国精神疾病的终身患病率为 16.6%，12 个月患病率为 9.3%（Huang et al., 2019）。卫健委以一种更加通俗的方式向我们表明，目前每 8 个中国人中就有 1 个精神疾病患者，而中国在抑郁症方面的年均支出超过 494 亿元。

2019 年 2 月 22 日，中国科学院心理研究所、社会科学文献出版社共同发布了我国第一部"心理健康蓝皮书"《中国国民心理健康发展报告（2017—2018）》。

报告显示，有 88% 的受访者认为心理健康工作重要，其中 48% 认为现在社会上人们的心理问题严重，而同时 74% 认为获得心理咨询服务不便利。每个人都可能产生心理困扰，有上亿人需要心理上的援助，心理知识普及工作尚需加强，人们对"自我调节"等心理健康知识与服务需求巨大。

（二）心理健康服务供给不足

中国心理咨询行业起步较晚，虽可追溯到 1985 年，但直至 2001 年，劳动和社会保障部开始推行心理咨询师国家职业资格鉴定制度，心理咨询师才成为一种职业。直至今天，相较于发达国家，中国的心理咨询师的缺口还是很大。

在 2018 年第十一次全国心理卫生学术大会上，中国心理卫生协会理事长马辛指出，我国心理卫生服务的社会需求越来越旺盛，但是约 120 万名获证心理咨询师中，仅有三四万人在从事心理咨询专职或兼职工作，我国心理咨询师缺口多达 130 万人。目前，中国平均每百万人口中，仅 20 人能提供心理健康服务；相较之下，美国平均每百万人口中就有 1000 人能提供心理健康服务，是中国的 50 倍。

此外，现有的精神科专科医院多以收治严重精神障碍为主，开展常见精神障碍和常见心理问题的服务不足。但即使这样，仍然有 70% 的精神疾病患者未接受过治疗，1 万个患者抢 2 张病床，重症患者贫困率超 50%（源自卫计委 2018 年公布的数据）。常见的心理障碍与心理问题得到的服务则更少，专业服务人员少、难以找到合适的心理咨询师、价格门槛高、服务周期长以及病耻感，成为寻求专业心理帮助过程中一道又一道的障碍。

（三）互联网 + 心理健康服务产品调研

随着互联网 + 的时代浪潮袭来，内容付费、知识变现成为潮流，泛心理学（大众心理学）开始流行，心理健康类的自媒体平台等线上服务如雨后春笋般层出不穷，线上心理服务开始兴起。目前发展得比较好的有壹心理、壹点灵、简单心理等平台。据统计，超过 90% 的人愿意为心理内容类产品付费，其中心理学相关书籍、音频视频和互联网课程是最受欢迎的前三位产品。

随着各类心理服务不断涌现，如何规范心理服务的内容、边界及服务标准是心理咨询行业后续发展的重要命题，决定着后续心理服务行业的走向。并且，我们认为，目前人们已形成较强的心理求助意识，但现有的线上心理健康服务产品在数量上和质量上仍然无法满足市场的需要，影响力不足，效果仍有限。为了验证我们的假设，我们进行了关于互联网 + 心理健康服务产品的问卷调研。

回收问卷总共 201 份，参与者主要是浙江大学在校学生。统计分析的结果如

图 1 所示。

在过去的两周内，你有多少时间受到焦虑的困扰？ [多选题]

选项 ⬧	小计 ⬧	比例
完全不会	19	9.45%
几天	124	61.69%
一半以上的日子	35	17.41%
几乎每天	23	11.44%
本题有效填写人次	201	

在过去的两周内，你有多少时间受到情绪低落的困扰？ [多选题]

选项 ⬧	小计 ⬧	比例
完全不会	22	10.95%
几天	141	70.15%
一半以上的日子	28	13.93%
几乎每天	10	4.98%
本题有效填写人次	201	

你是否主动关注过焦虑/抑郁相关的知识？ [单选题]

选项 ⬧	小计 ⬧	比例
从不	19	9.45%
很少	58	28.86%
有时	86	42.79%
经常	30	14.93%
总是	8	3.98%
本题有效填写人次	201	

你是否曾做过焦虑/抑郁相关的测评？ [单选题]

选项 ⬧	小计 ⬧	比例
是	104	51.74%
否	97	48.26%
本题有效填写人次	201	

以下心理健康软件中，哪些是你听说过的？ [多选题]

选项 ⬧	小计 ⬧	比例
壹心理	59	29.35%
武志红心理	17	8.46%
简单心理	39	19.4%
心猫心理	5	2.49%
壹点灵	9	4.48%
听芝情感	1	0.5%
松果倾诉	5	2.49%
Tell	5	2.49%
秘密星球	23	11.44%
Moo日记	9	4.48%
树洞菌	24	11.94%
Gorkor	2	1%
声昔	3	1.49%
心诉	6	2.99%
趣鸭	2	1%
一个都没有听说过	103	51.24%
其他 [详细]	3	1.49%
本题有效填写人次	201	

以下心理健康软件中，哪些是你曾使用过的？ [多选题]

选项 ⬧	小计 ⬧	比例
壹心理	25	12.44%
武志红心理	4	1.99%
简单心理	11	5.47%
心猫心理	2	1%
壹点灵	3	1.49%
听芝情感	1	0.5%
松果倾诉	1	0.5%
Tell	1	0.5%
秘密星球	4	1.99%
Moo日记	5	2.49%
树洞菌	6	2.99%
Gorkor	0	0%
声昔	1	0.5%
心诉	1	0.5%
趣鸭	0	0%
一个都没有使用过	144	71.64%
其他 [详细]	13	6.47%
本题有效填写人次	201	

图 1　"互联网＋心理健康服务产品调研"问卷结果

绝大多数人存在心理服务的需要。统计得到，有约 90% 的人在过去 2 周内受到过焦虑或情绪低落的困扰，其中有 28.85% 的人一半以上的日子受焦虑困扰，有 11.44% 的人几乎每天都受焦虑困扰，有 18.91% 的人一半以上的日子受情绪低落困扰。

绝大多数人拥有自助心理服务的意识。统计得到，有 90.55% 的人曾主动关注焦虑 / 抑郁相关的知识，有超过半数的人主动做过焦虑 / 抑郁相关的测评；超过半数的人表示如果有一款可以提供倾诉空间与情感反馈的产品，他们会愿意尝试并认为有效。

绝大多数人对现有的线上心理服务产品不熟悉。统计得到，有 51.24% 的人对于线上心理服务产品一个都没有听说过，有 78.11% 的人则表示对于线上心理服务产品一个都没有使用过。这表明线上心理服务的普及率相当低，市场接纳率较低，至少在大学生群体中是如此。

因此综上所述，线上心理服务产品目前仍然远远无法满足市场需求，现有的产品效果有限，普及率相当低，并且专业性有待考证。我们将结合心理学专业知识，从人们生活切实需要面临的日常心理困扰出发，设计合适的心理服务产品。我们将之命名为"吐槽机器人"。

二、课题研究的主要内容与重点

（一）产品核心理念

1. 产品定位

"吐槽机器人"是一款基于语音情感分析的即说即释机器人。其根本目的在于改善用户的心理困扰或负面情绪，实现 AI 模式的心理咨询。其基本原理为，用户通过吐槽倾诉的方式进行情绪宣泄与自我披露，软件通过现代心理咨询的情感反映技术对用户情感进行分析并反馈，以增进其自我察觉与内省；并以人本主义来访者中心疗法为基础，调动用户自身的现象场，通过自身力量转变情绪、认知与行为，发挥非指导性心理咨询的效果。

2. 核心理念理论依据

在心理咨询中，研究者们发现，自我披露（Self-disclosure）是咨询中非常重要的部分，会产生多领域的有益效果（Ho et al., 2018）。首先，自我披露会减少消极经历带来的压力（Martins et al., 2013），减少焦虑（Tam et al., 2006），虽然咨询者在短时间会产生羞耻感等，但最终会产生安全、骄傲等积极情感体验（Farber et al., 2004）。其次，从人本主义疗法出发，无条件的支持与关注会有效帮助人们缓解消极情绪、实现自我成长（Watson et al., 2011）。这就是为什么日常生活中人们喜欢在遇到事情而产生情绪的时候选择在生活环境或社交网络中，向亲朋好友甚至陌生人倾诉。

但对人的倾诉仍然有着一定的限制，例如当人们对着其他或熟悉或不熟悉的人们自我披露时，他们可能不会谈论敏感或较深入的话题，因为他们会担心别人给予自己负面评价。这种担心被拒绝、评判和加重听者负担的心理会限制人们向其他人进行自我披露；而机器人／手机／电脑在某种程度上可以弥补这一缺陷，研究表明人们会向聊天机器人透露更多信息，并随后体验到更积极的结果（Afifi, Guerrero, 1999）。有研究表明，对着机器人的自我披露与对着陌生人的自我披露效果并无明显区别（Ho et al., 2018）；还有研究表明对着人或对着机器人，人们情绪刺激激活的神经模式都是相似的（Rosenthal-von der Pütten et al., 2014）。

而在电脑、手机等设备中，研究者们发现智能手机更容易让人们产生自我披露。这是由于智能手机的高度个人化特性，使用者持续性使用和频繁地用于个人活动（例如与家人和朋友发信息）会使他们在设备上培养出独特的心理舒适感，继而有助于他们自我披露（Melumad, Meyer, 2020）。

同时，相较于文字，研究者们同样发现，用户更喜欢使用口头对话来进行自我披露，且在人机对话中，这个特点仍然存在（Ravichander, Black, 2018）。这表明，对着手机设备等机器产品的自我披露有一定的效用，而且在手机上进行口头对话会比其他形式更有效。

因此，我们从改善用户的心理困扰或负面情绪，实现 AI 模式的心理咨询的目的出发，设计该"吐槽机器人"。

（二）产品设计方案

在这里，我们将以产品使用流程来介绍我们的产品逻辑，"吐槽机器人"产品设计流程见图 2。

1. 情感支持

研究发现，与事实披露相比，情绪宣泄会带来更加有益的结果（Pennebaker, Chung, 2007）。故我们将情感的启动设置为使用产品的第一步，通过情感特异性诱发的方式帮助使用者，使其更加容易对我们的产品倾诉，并达到更好的效果。

在选择材料时，我们使用多通道诱发材料，即结合视觉、听觉等诱发材料，以达到最佳诱发效果。这是因为研究者们发现，相较于单一的通道，多通道方式情感诱发的效果更好（Baumgartner et al., 2006；Eldar et al., 2007）。

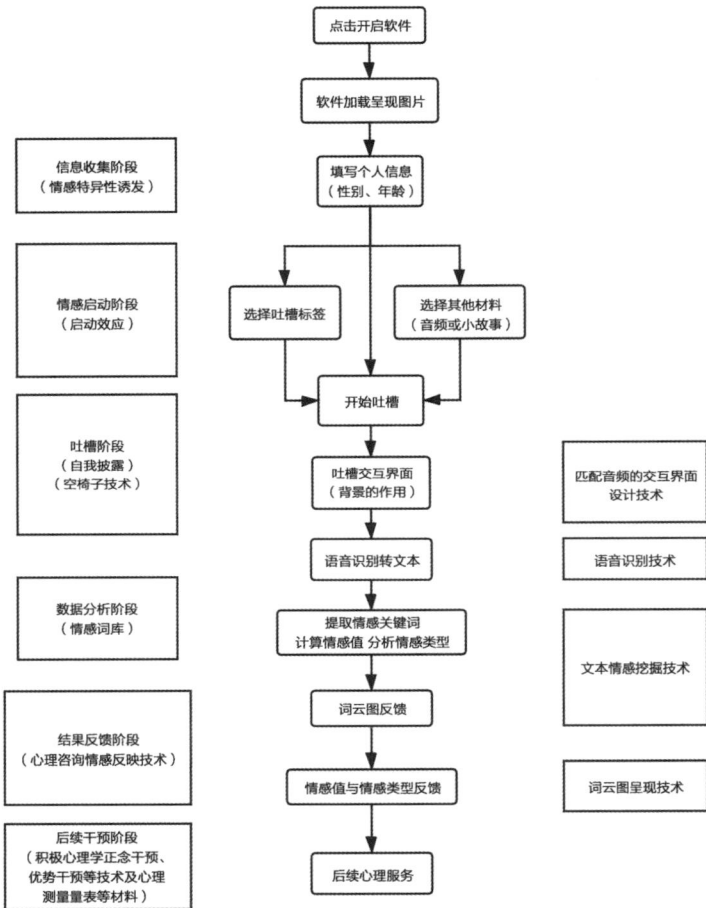

图 2　"吐槽机器人"产品设计流程图

2. 倾诉

情感启动后，产品将进入倾听阶段，使用者开始吐槽。在这个部分，我们将包含 2 个理论逻辑支持。

（1）空椅子技术：倾诉本身即有效

空椅子技术是完形心理学派常用的一种，它通过 1 把椅子来帮助使用者宣泄情绪或使用 2 把椅子帮助使用者通过角色扮演解决心理冲突，在人际苦恼、目标投诉、未完成事情的解决、愤怒情绪的缓解等方面都有较明显的作用（Conoley et al.，1983；Paivio, Greenberg, 1995）。在空椅子技术中，并没有其他人来对使用者的话语进行回应或反馈，仅为使用者一人进行情绪宣泄或角色扮演，这表明倾诉本身即对使用者有一定的益处。

（2）自我披露

在前面创意依据的介绍中，我们描述了自我披露过程会给使用者带来的好处。而自我披露与空椅子技术较大的不同在于，自我披露通常伴随着对方的回应与反馈。在自我披露的过程中，当使用者得到的反馈让其感到真正被理解时，会创造出一种社会归属感和被接受感，这会激活大脑中与联系和奖励相关的区域，从而增强对个人目标的追求（Reis et al., 2017）。

同时，在与之倾诉的过程中，个人的披露越亲密，获得的心理收益就越大。根据（Pennebaker, 1993）的认知加工模型，认知变化和有益结果之间联系的关键部分是一个过程，通过这个过程，披露以前未披露的东西，消除消极影响，处理和诱导重新评估。Pennebaker 与 Chung（2007）认为，将这些负面情绪和想法用语言来表达会改变它们的性质，使其从情感改变为认知。这种向认知的转变，降低了消极情绪的强度和力量（Lieberman et al., 2007）。

3. 情感识别与分析

使用者倾诉完毕，我们的产品将开始根据使用者的音频分析其所包含的基本内容、情感类型、情感强度（情感值），并给予及时反馈。我们的反馈包含词云图、情感值、情感类型 3 个部分。

（1）词云图逻辑

在心理咨询谈话技巧中，内容反映技术（Responding to content），尤其是复述（Restatement）这一技术是一种非常重要且使用频率非常高的技术。在咨询过程中，咨询师通常选择重复一句或一段重要部分话语来鼓励来访者，对其进行进一步说明，以及帮助来访者更好地了解自己（Waskow, 1962）。

我们将使用者的语音转化为文字后，使用分词技术去掉无意义的语气助词与连词，得到不同词性、不同词语的出现频率。根据已有词库总结，我们提取出最容易反映情感的形容词及反映情感强度的副词，最容易反映事件的名词、动词和时间词（张森，曹晖，2015；徐戈，2012；陈建美，林鸿飞，2008），按照出现频率，构成一张词云图（见图 3，出现频率较高的词将以更大的字体出现在更靠中间的位置）。

图 3　词云图示例

（2）情感词呈现逻辑

除了内容反映技术，情感反映（Reflection of feeling）也是心理咨询中最主要的技巧之一。它将来访者的情感表达出来，反馈给来访者，帮助其继续表达自己、认识自己、接纳自己（Highlen, Baccus, 1977）。

我们将使用通过第一步提取出的形容词与副词来分析使用者的情感程度。在这个阶段，我们将使用《Hownet 情感词典》（张森，曹晖，2015）作为参考。它包含程度级别词语（英文）、正面评价词语（英文）、程度级别词语（中文）、正面评价词语（中文）、正面情感词语（英文）、负面评价词语（英文）、正面情感词语（中文）、负面评价词语（中文）、负面情感词语（英文）、主张词语（英文）、负面情感词语（中文）、主张词语（中文）。

以下为基于《Hownet 情感词典》情感词的计算过程。

① 通过分词，检索得到每个句子中的情感词。

② 根据情感词的积极性与消极性，赋予 1 或 −1 的值。

③ 根据情感词前面的副词，乘以相应的权重。其中，我们使用 most（×2，表示最高）、over（×1.5，表示过多、超）、very（×1.25，表示很、非常）、more（×1.2，表示更多、更加）、-ish（×0.8，表示稍微、一点点）、insufficiently（×0.5，表示欠缺、不足）6 个情感程度词，作为情感强度的权重。

④ 根据情感词前面的否定词，乘以 −1。

⑤ 全部值相加，得到最终的情感词。

（3）情感类型呈现逻辑

在情感类型的分类上，我们采用中文《情感词汇本体》（陈建美，林鸿飞，2008）的情感分类方法。该体系在由美国心理学家艾克曼（Paul Ekman）提出的

6 大类情感分类体系的基础上构建而成，词汇本体加入情感类别"好"，对褒义情感进行了更细致的划分。最终《情感词汇本体》中的情感共分为 7 大类 21 小类（见图 4）。

编号	情感大类	情感类	例词
1	乐	快乐（PA）	喜悦、欢喜、笑眯眯、欢天喜地
2		安心（PE）	踏实、宽心、定心丸、问心无愧
3	好	尊敬（PD）	恭敬、敬爱、毕恭毕敬、肃然起敬
4		赞扬（PH）	英俊、优秀、通情达理、实事求是
5		相信（PG）	信任、信赖、可靠、毋庸置疑
6		喜爱（PB）	倾慕、宝贝、一见钟情、爱不释手
7		祝愿（PK）	渴望、保佑、福寿绵长、万寿无疆
8	怒	愤怒（NA）	气愤、恼火、大发雷霆、七窍生烟
9	哀	悲伤（NB）	忧伤、悲苦、心如刀割、悲痛欲绝
10		失望（NJ）	憾事、绝望、灰心丧气、心灰意冷
11		疚（NH）	内疚、忏悔、过意不去、问心有愧
12		思（PF）	思念、相思、牵肠挂肚、朝思暮想
13	惧	慌（NI）	慌张、心慌、不知所措、手忙脚乱
14		恐惧（NC）	胆怯、害怕、担惊受怕、胆颤心惊
15		羞（NG）	害羞、害臊、面红耳赤、无地自容
16	恶	烦闷（NE）	憋闷、烦躁、心烦意乱、自寻烦恼
17		憎恶（ND）	反感、可耻、恨之入骨、深恶痛绝
18		贬责（NN）	呆板、虚荣、杂乱无章、心狠手辣
19		妒忌（NK）	眼红、吃醋、醋坛子、嫉贤妒能
20		怀疑（NL）	多心、生疑、将信将疑、疑神疑鬼
21	惊	惊奇（PC）	奇怪、奇迹、大吃一惊、瞠目结舌

图 4 《情感词汇本体》情感分类示例

　　我们将通过第一步提取出的情感词与词库中词语进行匹配，得出这一段文字中出现频率最高的情感类型与次要情感类型，并给出情感类型描述。例如，你总体感觉到哀（描述主要的情感大类），感觉悲伤、失望、内疚（描述主要情感），同时内心还有些贬责、烦闷与恐惧（描述次要情感）。

　　（4）词库的选择

　　在上述过程中，我们使用了 2 个词库：《Hownet 情感词典》与《情感词汇本体》。

　　《Hownet 情感词典》：情感倾向，就是人对人或事物的看法，即主观色彩，通常分为褒贬、积极消极、好坏等方面。情感词语的情感倾向判别和权值赋予问题是文本倾向性分析研究中的基础，情感权值的研究在文本倾向性分析、舆情分析、文本分类等研究领域有着广泛的应用，最具有代表性的方法是通过对中国知网中词语的义原相似度的计算来进行词语相似度的计算。在其词语相似度计算方法的基础上，对中国知网中的词语概念库 glossary.dat 文件进行提取、修剪和增删，并通过同义词、反义词和人工甄选种子词语，使其对于情感词的权值的计算更加精确。实验结果表明，该方法在情感词褒贬义判别、权值取值上和应用上都有不错的效果（张森，曹晖，2015）。此外，它已被广泛运用在社交媒体的情感分析、新算法的构建、不同领域情感词库的构建等研究中（蒋翠清等，2019；赵妍妍等，2017；郗亚辉，2016）。

《情感词汇本体》：大规模的情感词汇本体的构造是准确完成文本情感识别的基础。该词库首先根据目前情感分类的发展现状，确定情感分类体系，在此基础上综合现有的各种情感词汇资源构造情感词汇本体；在本体的知识获取过程中，采用手工分类和自动获取相结合的方法填充词汇本体的框架；详细描述了词汇的情感类别、强度和极性等，并进一步统计了情感词汇的分布情况（陈建美，林鸿飞，2008）。该词库已被广泛运用在社交媒体热点事件管控、主观句子分析、在线评论算法研究等研究中（唐晓波等，2016；杨亮等，2012；王晓东等，2012）。

事实上，我们在数个中文词库（张森，曹晖，2015；徐戈，2012；陈建美，林鸿飞，2008）中选择这 2 个词库，是因为这 2 个词库完美契合了我们的需求。在情感值计算过程中，《Hownet 情感词典》具有较大量、较准确的情感倾向判别和权职赋予。而在情感类型判断中，《情感词汇本体》的情感分类方法在艾克曼提出的 6 大类情感分类体系基础上结合了中国文化背景下的分类尝试，在理论上非常契合我们的理论。

（5）即时、准确的情感反馈的有效性

在之前"倾诉"的理论分析中，我们使用自我披露理论解释了自我披露过程中反馈的作用：当使用者得到的反馈让其感到真正被理解时，会增强对个人目标的追求（Reis et al., 2017）。而心理咨询技术中的内容反应与情感反映技术的作用也体现了反馈的效果：帮助使用者更好地了解自己，以及帮助其继续表达自己、认识自己、接纳自己（Highlen, Baccus, 1977；Waskow, 1962）。

同时，反馈的即时性与准确性也非常重要。在交互过程中，若是一方由于某些原因不给予回复，就会构成延迟反馈（Nardi et al., 2000）。与延迟反馈相比，即时通信将会带来更强烈的亲密感与联系感，且更容易得到社会和情感支持（Quan-Haase, Young, 2010）。

在准确性方面，根据个人反馈寻求行为（FSB）模型（Ashford, Cummings, 1983），个体具有获得准确反馈描述的渴望，同时准确的反馈有利于个体更有效地学习、拥有更强大的自信心及更少的焦虑（Badami et al., 2012）。

4. 推送相应心理干预材料

当使用者得到情感反馈后，他们可以选择是否接受我们的干预材料推送。我们的材料将包含进一步的心理测评、相关情绪的干预方案、给予使用者的就医建议等。

例如，当判定使用者为愤怒情绪且强度较大时，我们将推送正念冥想相关视频、文章，帮助其平复心情（Wu et al., 2019）。当判定使用者情绪可能存在较高强度的焦虑（如烦闷情绪较强烈）或抑郁（悲伤、失望情绪较强烈）时，我们会推送状态特质焦虑问卷、广泛性焦虑量表，或推送健康问卷抑郁量表 PHQ-9、PHQ-15；若从问卷测试结果判断使用者抑郁程度较高，甚至达到绝望时，我们将建议他们寻求专业心理咨询师的帮助。当判定使用者情绪偏正向时，我们将推送优势突出 VIA 测试帮助用户进一步了解自己，增强积极情绪。

（三）项目执行过程

我们进行了大量的国内外文献查阅工作，并且通过问卷法开展了市场调研。在市场调研问卷中，对大学生的心理健康状况、解决心理困扰常用方式、对线上心理服务类应用的满意程度与接受度、对新产品的期待度、付费意愿等一系列问题进行了调查。调研结果发现，中国大学生群体普遍受着心理问题的困扰，倾诉能够有效解除其心理困扰并被大多数大学生所选择，而当前已有的线下心理健康服务以及线上心理服务类应用远远无法满足市场需求。因此，以满足倾诉与被理解的需求为着手点，基于前期的调研工作，我们进一步开展了"吐槽机器人"实际产品的开发设计工作。

本项目分成心理线与程序线双线程并进工作。项目开展前期，保持 1 周 1 次的开会讨论频率。心理线通过扎实地总结心理学研究，分析改善心理健康，尤其是负面情绪的有效方案；根据前人研究，科学地设计产品开发逻辑，提出提供倾诉环境以诱发倾诉、进行即时全方面情感反馈以实现对用户情感的理解的重要设计，具体包括诱发场景设计、词云图反馈、情感值反馈、情感类型雷达图反馈等。每一个环节背后都有心理学原理、理论与研究证据的支持，所有的材料都经过精心的设计与考究，目前已形成完整的产品模型与技术路线。程序线负责实际应用程序代码的编写，实现各预想的功能效果，并且在美术专业同学的帮助下定制了项目专属的界面设计，产品的优化在不断进行当中。小程序发布后，我们在小范围内发布了产品，并设计了对产品的评估问卷，收集使用者的使用体验。据此，我们将进行后续的改进工作，以推动产品的应用与传播。

三、课题的主要结论

（一）成果简介

本项目为疫情危机下重点人群心理干预模式研究与在线干预系统开发。以大学生为目标群体，本项目针对其心理需求进行了产品设计前期调研，对倾诉类心理健康服务产品的市场空间进行了调查。调查结果显示，大学生群体存在明显的情绪困扰（85%以上的人在前2周受到过情绪低落及焦虑情绪的困扰），有强烈的倾诉意愿（倾诉聊天为大学生最常使用的解决情绪问题的方法），愿意使用线上倾诉类产品（使用意愿、推荐意愿、自我表露意愿均达50%），这表明大学生对倾诉存在巨大的需求，而当前有效的心理健康类线上产品与服务存在较大不足。目前相关调研成果已形成报告，调研结果对于产品设计具有重要的参考意义。

关于产品设计，目前我们联合计算机学院、生物医学工程与仪器科学学院，开发形成了一款基于语音情感分析的即说即释的心理健康服务类产品。产品取名为"吐槽机器人"，具体见图5~图7。

（1）信息收集：当用户首次打开产品时，产品将会出现信息收集界面，包括个人昵称、年龄、性别等基础信息的收集。

（2）倾诉启动：当用户填写个人信息后，本产品会呈现情感诱发场景图，通过设计舒适、安全的倾诉环境，诱发用户倾诉的欲望，后续用户可以选择吐槽标签，包括情感、学业、工作、人际关系等进行特定情感启动。

（3）吐槽阶段：在吐槽阶段，用户将通过语音的方式对交互界面进行吐槽。交互界面可以自主选择倾诉场景和倾诉对象，在倾诉过程中，倾诉对象给予其陪伴。

（4）结果反馈阶段：用户吐槽结束后，将得到即时反馈，具体包括词云图、情感值、情感雷达图3方面反馈。这表达了对用户表达内容与情感尽可能充分的理解。

（5）后续干预阶段：当得到情感反馈后，使用者可以选择是否接受干预材料推送，材料将包含进一步的心理测评、正念音频、相关情绪的干预方案、给予使用者的就医建议等。目前的产品载体为微信小程序"叨叨"，并且正在申请专利，后续将不断迭代开发，最后形成APP与可穿戴式设备。迭代迁移发展规划路径已完成初步设计。

图 5 "叨叨"小程序展示（1）：登录、设置诱发场景、录音界面

图 6 "叨叨"小程序展示（2）：语音转录结果、分析界面选项、情感雷达图

图 7 "叨叨"小程序展示（3）：词云图展示、情感评分展示、材料推送

（二）创新点和学术价值

1. 创新点

（1）诱发用户倾诉的欲望，包括倾诉前的非特异性诱发以及倾诉过程中的场景诱发。综合考虑界面呈现的视觉舒适感、安全感、保密性、倾诉者的性别和身份等，对画面呈现内容进行整合，增强用户的倾诉意愿。在倾诉前的非特异性诱发中，使用较为温和的轻音乐、动画及文字引导用户进行倾诉。在环境设置中，整合以往研究结果，让用户可自主选择正常光照下、暖色调、中式风格的房间或开放的室外环境，还可自主选择倾诉对象（男性、女性或玩偶）。

（2）着重关注用户吐槽或倾诉后想要被理解的需求，通过词云图、情感值和情感雷达图，以多角度、多方式即时反馈情感分析结果，充分运用心理学专业知识与技术，实现具有即时医疗保健功能的自助式心理健康服务。

2. 学术价值

（1）通过问卷调研，确定了中国大学生群体的总体心理状况、目前已有心理服务产品的使用情况、对倾诉类产品的接受程度，以及相关变量对接受程度的影响。

（2）间接考察以往研究成果在中国大学生群体中的生态效度。

（3）将环境影响与倾诉对象影响进行整合，构成引导倾诉、精确分析情绪结果、即时反馈的体系。

（三）社会效应

本项目的初代成果为微信小程序，面向对象为大学生。目前社会对学生的心理健康有较高的关注度，但由于与家长和老师的沟通存在阻碍、同学无法给予即时和足够的支持，本项目产品可以帮助他们排解日常生活中压力事件带来的焦虑、抑郁等负面情绪。

目前设想的进一步迭代产品为小程序、APP以及毛绒玩偶，面向青少年、大学生和老年人，通过毛绒玩偶营造安全、温暖的倾诉氛围，进一步引导倾诉行为，给使用者带来更好的感受。再进一步迭代产品为APP和可穿戴式设备，面向对象范围更大，强调"预防"的概念，从传统的"治病"（即感知到情绪困扰后再进行情绪疏导）前置到"治未病"（即通过检测生理指标进行"情绪预警"）。预计最后将构建从预防科普到疏导，再到推荐就医的完整链条，帮助日常需要倾诉的各类人群，缓解心理服务专业人员不足的压力。

调研结果表明，本项目产品具有广阔的市场发展空间。待程序得到更完善的开发、更充分的推广后，产品定将产生更大的社会效益。

（四）存在的不足

本项目目前开发形成的产品已经能够基本实现核心功能，但仍存在一些不足。

首先，当前语音情感识别的精确度有待提高。若出现大量口语词汇或者通过事件描述来反馈使用者情绪时，产品无法全面捕捉用户情绪，情感词库需要进一步扩充。同时，产品目前无法捕捉用户的语气、语调、暗讽等复杂的言语信息。由于缺乏与摄像、生理记录等其他技术设备的配合，当前产品无法识别用户的面部表情、心率、呼吸、肢体语言等信息，未来如果能加入生理信号的记录，将会大大提高情感识别的精确程度。

其次，当前成果为微信小程序，交互上具有一定的局限性。未来可以进行APP 开发，利用 APP 蓝牙配对与外设毛绒玩偶进行连接，进一步实现倾诉对象的可视化、可触化；通过毛绒玩偶的外形和物理感受，营造安全、温暖的倾诉氛围，进一步提高用户的倾诉意愿，提高沉浸感和陪伴感。

另外，本项目产品目前面向的对象主要为大学生，未来可以进一步扩大，提供针对不同群体的定制化服务，如老年人、儿童、围绝经期妇女、企业员工等的专属界面，增加监控和预防功能，进一步完善相关课程的推荐，扩充心理干预材料的设计。

（五）产品规划（迭代与迁移）

产品规划见表1。

表 1　产品规划表

阶段	产品载体	目标群体	可解决问题	产品功能	该阶段产品重点
1	小程序	• 大学生	• 在情绪困扰时，通过引导倾诉和给予情感反馈来缓解情绪困扰	• 诱导倾诉 • 语音识别 • 情感反馈（词云、赋值、归类，下同） • 情绪记录	• 检验核心功能，验证产品价值 • 观察产品能否自发吸引"新人"进行使用，收集反馈，优化用户体验 • 基于用户输入扩充情感词库，优化情绪算法
2	小程序+APP	• 大学生 • 青少年	• 在情绪困扰时，通过引导倾诉和给予情感反馈来缓解情绪困扰	• 诱导倾诉 • 语音识别 • 情感反馈 • 情绪记录	• 增加产品广度，扩大产品辐射范围 • 持续扩充情感词库，优化情绪算法

续表

阶段	产品载体	目标群体	可解决问题	产品功能	该阶段产品重点
3	小程序+APP	• 大学生 • 青少年	• 在情绪困扰时，通过引导倾诉和给予情感反馈来缓解情绪困扰 • 通过识别出的情绪关键词，个性化推送心理干预材料	• 诱导倾诉 • 语音识别 • 情感反馈 • 情绪记录 • 个性化推送标准化情绪缓解素材	• 在持续优化情感识别算法的基础上，优化干预素材库，匹配情绪大类对应的干预材料 • 根据干预效果的评估，针对用户的情绪结果，为其推荐个性化干预材料
4	APP	• 大学生 • 青少年 • 中年人	• 在情绪困扰时，通过引导倾诉和给予情感反馈来缓解情绪困扰 • 通过识别的情绪关键词，个性化推送心理干预材料 • 通过识别的情绪关键词及心理健康状态，确认用户是否存在进一步心理咨询的需求，与"咨询师库"进行匹配 • 基于血谱光学成像技术，快速检测用户的生理指标（心率、不规则心跳、呼吸率、血压、心率变异性、心血管疾病风险），可视化展示当下的压力状态	• 诱导倾诉 • 语音识别 • 情感反馈 • 情绪记录 • 个性化推送标准化情绪缓解素材 • 心理评估 • "咨询师库"的呈现与匹配 • 血谱光学成像技术	• 打造心理健康平台产品。以识别情绪及相关问题类型为锚点，联结用户与专业心理服务，在各程度的心理困扰水平上提供针对性的解决方案（轻度：标准化干预材料；中重度：专业心理咨询师） • 在主观报告的情绪状态及识别的基础上，增加客观血谱光学成像技术测量，构建主观＋客观的系统身心健康评估体系
5	APP+毛绒玩偶	• 大学生 • 青少年 • 老年人	• 在情绪困扰时，通过引导倾诉和给予情感反馈来缓解情绪困扰 • 通过毛绒玩偶的外形和物理感受特性，营造安全、温暖的倾诉氛围，进一步引导倾诉行为 • 通过识别出的情绪关键词，个性化推送心理干预材料 • 通过识别的情绪关键词及心理健康状态，确认用户是否存在进一步心理咨询的需求，与"咨询师库"进行匹配 • 基于血谱光学成像技术，快速检测用户的生理指标（心率、不规则心跳、呼吸率、血压、心率变异性、心血管疾病风险），可视化展示当下的压力状态	• 诱导倾诉 • 语音识别 • 情感反馈 • 情绪记录 • 个性化推送标准化情绪缓解素材 • 心理评估 • "咨询师库"的呈现与匹配 • 血谱光学成像技术	• 基于依恋理论，通过线下实体的柔软毛绒触感帮助用户达到放松状态，结合线上的情感识别及疏导，线上、线下同时作用，加强心理服务的效果 • 研究者们发现，身体上的互动有利于交流时获得自我披露的效果，被机器人拥抱过的人比没有被拥抱的人表现出更长时间的互动和更多的自我披露（Shiomi et al., 2017）

续表

阶段	产品载体	目标群体	可解决问题	产品功能	该阶段产品重点
6	APP+可穿戴式设备	• 大学生 • 青少年 • 中年人	• 在情绪困扰时，通过引导倾诉和给予情感反馈来缓解情绪困扰 • 通过识别出的情绪关键词，个性化推送心理干预材料 • 通过识别出的情绪关键词及心理健康状态，确认用户是否存在进一步心理咨询的需求	• 诱导倾诉 • 语音识别 • 情感反馈 • 情绪记录 • 个性化推送标准化情绪缓解素材	• 强调"预防"的概念，从传统的"治病"（即感知到情绪困扰后再进行情绪疏导），前置到"治未病"（即通过检测生理指标进行"情绪预警"） • 持续扩充生理指标与情绪的数据库，优化情绪与生理指标间的匹配算法，构建拓展到各个领域的穿戴式设备

四、参考文献

[1] 陈建美，林鸿飞，2008. 中文情感词汇本体的构建及其应用. 大连：大连理工大学.

[2] 蒋翠清，郭轶博，刘尧，2019. 基于中文社交媒体文本的领域情感词典构建方法研究. 数据分析与知识发现，3(2): 98-107.

[3] 唐晓波，朱娟，杨丰华，2016. 基于情感本体和kNN算法的在线评论情感分类研究. 情报理论与实践，39(6): 110-114.

[4] 王晓东，王娟，张征，2012. 基于情感词汇本体的主观性句子倾向性计算. 计算机应用，32(6): 1678-1681, 1684.

[5] 郗亚辉，2016. 产品评论中领域情感词典的构建. 中文信息学报，30(5): 136-144.

[6] 徐戈，2012. 汉语情感词表自动构建方法及应用研究. 北京：北京大学.

[7] 杨亮，林原，林鸿飞，2012. 基于情感分布的微博热点事件发现. 中文信息学报，26(1): 84-90, 109.

[8] 张森，曹晖，2015. 基于《知网》概念定义的情感词典构建研究. 计算机工程与应用，51(17): 118-123.

[9] 赵妍妍，秦兵，石秋慧，等，2017. 大规模情感词典的构建及其在情感分类中的应用. 中文信息学报，31(2): 187-193.

[10] Afifi W A, Guerrero L K, 1999. Motivations underlying topic avoidance in close relationships//Balancing the Secrets of Private Disclosures. New York: Routledge, 165-180.

[11] Ashford S J, Cummings L L, 1983. Feedback as an individual resource: Personal strategies of creating information. Organizational Behavior and Human Performance, 32(3): 370-398.

[12] Badami R, VaezMousavi M, Wulf G, et al., 2012. Feedback about more accurate versus less accurate trials. Research Quarterly for Exercise and Sport, 83(2): 196-203.

[13] Baumgartner T, Esslen M, Jäncke L, 2006. From emotion perception to emotion experience: Emotions evoked by pictures and classical music. International Journal of Psychophysiology, 60(1): 34-43.

[14] Conoley C W, Conoley J C, McConnell J A, et al., 1983. The effect of the ABCs of Rational Emotive Therapy and the empty-chair technique of Gestalt Therapy on anger reduction. Psychotherapy: Theory, Research & Practice, 20(1): 112-117.

[15] Eldar E, Ganor O, Admon R, et al., 2007. Feeling the real world: Limbic response to music depends on related content. Cerebral Cortex, 17(12): 2828-2840.

[16] Farber B A, Berano K C, Capobianco J A, 2004. Clients' perceptions of the process and consequences of self-disclosure in psychotherapy. Journal of Counseling Psychology, 51(3): 340-346.

[17] Highlen P S, Baccus G K, 1977. Effect of reflection of feeling and probe on client self-referenced affect. Journal of Counseling Psychology, 24(5): 440-443.

[18] Ho A, Hancock J, Miner A S, 2018. Psychological, relational, and emotional effects of self-disclosure after conversations with a chatbot. Journal of Communication, 68(4): 712-733.

[19] Huang Y, Wang Y, Wang H, et al., 2019. Prevalence of mental disorders in China: A cross-sectional epidemiological study. The Lancet Psychiatry, 6(3): 211-224.

[20] Lieberman M D, Eisenberger N I, Crockett M J, et al., 2007. Putting feelings into words. Psychological Science, 18(5): 421-428.

[21] Martins M V, Peterson B D, Costa P, et al., 2013. Interactive effects of social

support and disclosure on fertility-related stress. Journal of Social and Personal Relationships, 30(4): 371-388.

[22] Melumad S, Meyer R, 2020. Full Disclosure: How smartphones enhance consumer self-disclosure. Journal of Marketing, 84(3): 28-45.

[23] Nardi B A, Whittaker S, Bradner E, 2000. Interaction and outeraction: Instant messaging in action// Proceedings of the 2000 ACM conference on computer supported cooperative work: 79-88.

[24] Paivio S C, Greenberg L S, 1995. Resolving "unfinished business": Efficacy of experiential therapy using empty-chair dialogue. Journal of Consulting and Clinical Psychology, 63(3): 419-425.

[25] Pennebaker J W, Chung C K, 2007. Expressive writing, emotional upheavals, and health// Friedman H S, Silver R C. Foundations of Health Psychology. Oxford: Oxford University Press: 263-284.

[26] Pennebaker J W, 1993. Putting stress into words: Health, linguistic, and therapeutic implications. Behaviour Research and Therapy, 31(6): 539-548.

[27] Quan-Haase A, Young A L, 2010. Uses and gratifications of social media: A comparison of facebook and instant messaging. Bulletin of Science, Technology & Society, 30(5): 350-361.

[28] Ravichander A, Black A W, 2018. An empirical study of self-disclosure in spoken dialogue systems// Proceedings of the 19th annual SIGdial meeting on discourse and dialogue: 253-263.

[29] Reis H T, Lemay E P, Finkenauer C, 2017. Toward understanding understanding: the importance of feeling understood in relationships. Social and Personality Psychology Compass, 11(3): e12308.

[30] Rosenthal-von der Pütten A M, Schulte F P, Eimler S C, 2014. Investigations on empathy towards humans and robots using fMRI. Computers in Human Behavior, 33: 201-212.

[31] Shiomi M, Nakata A, Kanbara M, et al., 2017. A robot that encourages self-disclosure by hug// Kheddar A, Yoshida E, Ge S S, et al. Social Robotics (Vol. 10652). Berlin: Springer, 324-333.

[32]　Tam T, Hewstone M, Harwood J, et al., 2006. Intergroup contact and grandparent–grandchild communication: The effects of self-disclosure on implicit and explicit biases against older people. Group Processes & Intergroup Relations, 9(3): 413-429.

[33]　Waskow I E, 1962. Reinforcement in a therapy-like situation through selective responding to feelings or content. Journal of Consulting Psychology, 26(1): 11-19.

[34]　Watson J C, Goldman R N, Greenberg. L S, 2011. Humanistic and experiential theories of psychotherapy//Norcross J C, Vandenbos G R, Freedheim D K. History of psychotherapy: Continuity and change. 2nd ed. Washington D C: American Psychological Association, 141-172.

[35]　Wu R, Liu L L, Zhu H, et al., 2019. Brief mindfulness meditation improves emotion processing[Z/OL]. (2019-10-10) [2021-01-01]. Frontiers in Neuroscience, 13. https://doi.org/10.3389/fnins.2019.01074.

"浙江社会矛盾化解'最多跑一地'改革的运行机制及绩效评价研究——以嘉善县为例"课题总结报告

课题组成员：任元沅

指导教师：范柏乃

一、概述

  化解矛盾纠纷是社会发展的永恒主题，是降低治理成本、提升治理效能、发挥制度优势的重要路径。党的十九届五中全会提出，正确处理新形势下人民内部矛盾，坚持和发展新时代"枫桥经验"，畅通和规范群众诉求表达、利益协调、权益保障通道，完善信访制度，完善各类调解联动工作体系，构建源头防控、排查梳理、纠纷化解、应急处置的社会矛盾综合治理机制。2020 年 3 月，习近平总书记在视察浙江安吉县社会矛盾纠纷调处化解中心时强调，要让老百姓遇到问题能有地方"找个说法"，切实把矛盾解决在萌芽状态、化解在基层。

  目前，我国正处于经济体制深刻变革、社会结构深刻变动、利益格局深刻调整、思想观念深刻变化的矛盾凸显期，不少多元性、异质性、复杂性的新型社会矛盾不断涌现。司法部最新公布的数据显示，2019 年，我国司法行政系统全年共排查矛盾纠纷 405.6 万件，调解矛盾纠纷 931.5 万件，相较 2007 年上升 94.06%。

  这些矛盾纠纷增长迅速，情况复杂，多数跨领域、跨部门、跨层级，呈现化解周期长、处理难度大、民情易激化等特点。上述特征导致传统的单一部门模式难以快速有效地回应民众诉求，人民群众"多头跑""重复跑""反复跑""不知往哪跑"等碎片化问题时有发生。这些碎片化问题使得原本一些轻微的矛盾得不到及时有效的解决，有的甚至演化成报复无辜群众、报复社会的犯罪行为。

因此，亟待建立健全社会矛盾纠纷调处化解的长效机制，筑牢社会安全治理防线。自2019年起，浙江省把"最多跑一次"改革的理念方法作风向社会治理领域延伸扩展，积极探索县级社会矛盾纠纷调处化解中心（以下简称矛调中心）建设，全力推进社会治理领域"最多跑一地"改革。这场改革是在实践基础上的集成创新，具有深厚的理论逻辑和实践逻辑。目前，县级矛调中心建设已覆盖全省90个县（市、区），初步建立县、镇、村三级联动的社会矛盾纠纷化解机制。现有实践表明，浙江省社会治理领域"最多跑一地"改革是省域治理现代化中一项具有开创性意义的重大探索，是浙江省全面展示中国特色社会主义制度优越性"重要窗口"的标志性工程。

二、课题研究的主要内容与重点

（一）"最多跑一地"改革词云分析

嘉善县在社会矛盾调处化解"最多跑一地"改革中探索出丰富经验，取得显著成效。嘉善县矛调中心综合办公室统一指挥，业务管理科等科室运筹帷幄、调度各方，县纪委监委、县法院、县公安局、县司法局等各入驻部门职能目标明确、业务范围广泛，全面覆盖矛盾调处化解全过程、各环节。

（二）绩效评估各层面对应指标内涵

一是嘉善县矛调中心信访生态数据。此方面包括嘉善县初次走访和网上信访事项一次性化解率，四级走访数量及同比下降的百分比，进京赴省到市越级访批次、人次及同比下降的百分比这几项具体衡量指标。其中，四级走访数量是指中央、省、市、县四级信访工作机构登记接待来访群众批次、人次。

二是嘉善县社会矛盾纠纷调处化解质效评估数据。此方面包括嘉善县矛调中心每月办理的事项数量、按时办结率、社会矛盾纠纷调处满意率、矛盾纠纷就地化解率、县域社会矛盾纠纷就地化解人民调解率、一次调解成功率等6项具体衡量指标。

三是嘉善县矛调中心社会治理事件处置数据。此方面主要体现在嘉善县引调立案数与诉前化解率、诉讼案件中民商事案件数量、万人成讼率与同比下降的百分比等 3 类指标。2019 年 9 月—2020 年 11 月，嘉善县矛调中心处理各类事项数据详见表 1。

表 1　2019 年 9 月—2020 年 11 月嘉善县矛调中心处理事项汇总

单位：件

类别	小类	一体化系统	省系统	数量	合计
咨询	法律咨询	3275	543	3818	4495
	仲裁咨询	334	0	334	
	其他咨询	288	55	343	
矛盾纠纷事项	劳动监察	249	176	425	3319
	劳动仲裁	882	203	1085	
	信访受理	1649	160	1809	
调解类	保调	302	53	355	7767
	诉前调解	/	/	5225	
	人民调解	1991	196	2187	
业务事项	法律援助	340	3	343	343
合计		9310	1389	10699	15924

数据来源：嘉善县社会矛盾纠纷调处化解中心。

注：1. 一体化系统是嘉善县矛调中心与阿里巴巴集团合作研发的矛盾化解一体化受办信息系统，从 2019 年 9 月 10 日起沿用至今；2. 省系统是 2020 年 10 月 26 日由浙江省委政法委推行的浙江省矛盾纠纷调处化解协同应用系统，自启用之日起与一体化系统保持双轨运行；3. 2020 年 12 月 7 日起，一体化系统经过改造，正式与省系统数据同步。

三、课题的主要结论

（一）嘉善县社会矛盾纠纷调处化解"最多跑一地"改革的基本经验

（1）强化多元参与，构建党委、政府、社会和群众"人人有责、人人尽责"的社会治理责任机制。

一是发挥党组织政治引领；二是共促政府部门跨界合作；三是激发社会组织参与活力；四是调动大众自治热情。激发多元治理主体活力，发挥基层党组织战斗堡垒作用，调动政府部门、社会组织、人民群众的主动性与创造力，构建"一核多元"的社会治理责任共同体。图 1 介绍了嘉善县矛调中心业务流程概况。

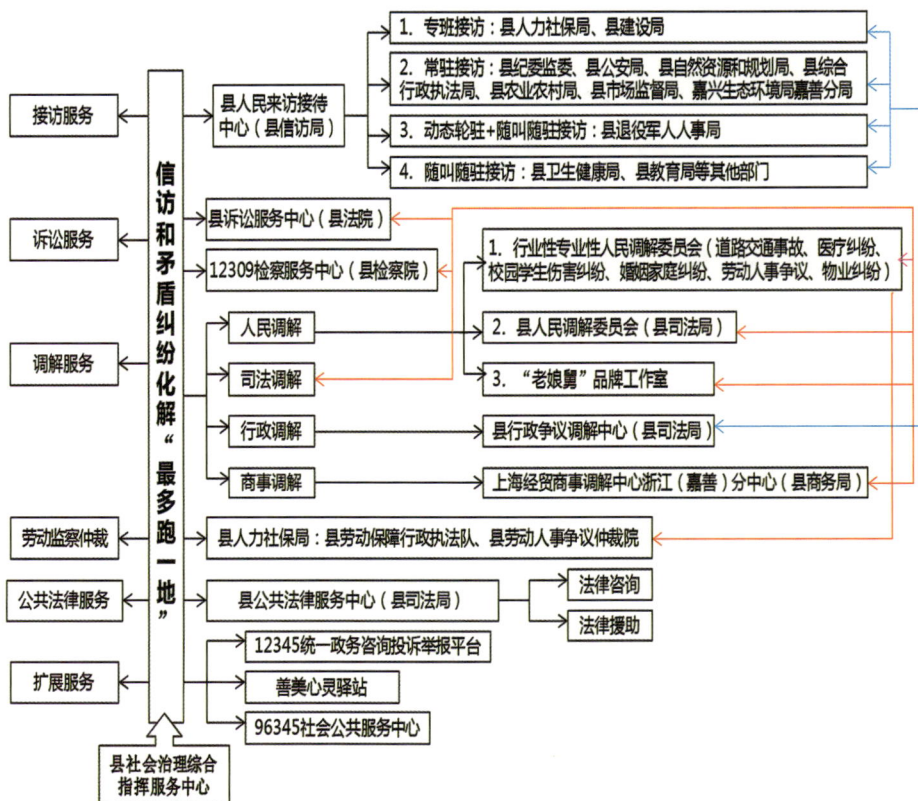

图 1　嘉善县矛调中心业务流程概况

（2）强化源头管控，构建警源、诉源、访源"三源共治"的社会风险研判平台。

一是警源治理不要愁，多方合力解民忧；二是诉源治理显温情，矛盾不用上法庭；三是访源治理"接地气"，群众诉求"零距离"。嘉善县结合自治、法治、德治"三治融合"理念，创新实施"矛盾减少在源头、纠纷发现在苗头、调解工作在前头、疏导安抚在心头、小事化解在村头、大事控制在镇头"的"六头工作法"，大力加强警源、诉源、访源联动共治。

（3）强化协同联动，构建网格—村—镇—矛调中心四级联动的社会矛盾纠纷调处化解体系。

其一是发挥中心的辐射牵引作用；其二是发挥"基层治理四平台"的支撑作用；其三是发挥全科网格的托底作用。嘉善县矛调中心率全省之先，与阿里巴巴集团合作研发矛盾化解一体化受办信息系统，全面推行"一窗受理、一单到底、一键考核、一图统筹"模式，形成县、镇、村三级中心信息交互网络。图2介绍了嘉善县矛调中心普通业务受理流程。

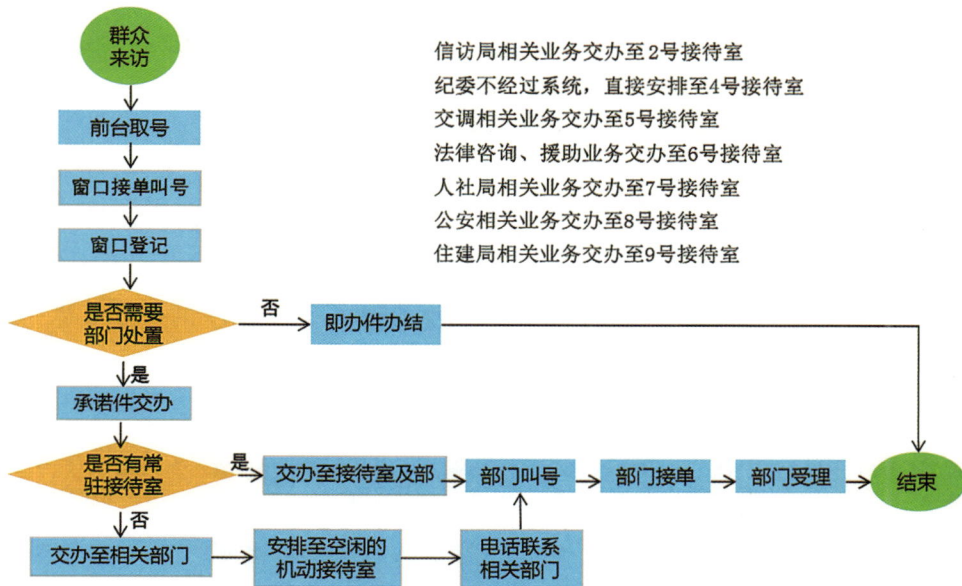

图 2　嘉善县矛调中心普通业务受理流程

（4）强化精密智控，构建党建服务、民生保障、基层智安、跨界共治"四网融合"的社会事件处置机制。

一是以"微网格"深化党建服务网；二是以"微闭环"兜起民生保障网；三是以"微治理"密织基层智安网；四是以"微跨界"构筑跨域共治网。完善"微网格"，健全"微嘉园"，深化"微治理"，构筑"微跨界"，嘉善县将矛调中心的感应单元密布到每一张网络、细化到每一根"毛细血管"，构筑"一体共治"的治理体系，实现点穴式管控和靶向式治理。

（5）强化心理服务，构建心理咨询、心理测试、心理援助和认知校正的社会心理服务系统。

一是构筑全生命周期的社会心理健康服务链；二是完善"嘉心在线"心理服务公益平台；三是建立特色心理服务品牌"善美心灵驿站"。嘉善县高度重视心理服务建设，正积极将社会心理服务纳入城乡基本公共服务体系，健全富有人文情怀的社会心理服务体系和危机干预机制，培育"积极乐观、亲诚惠容、理性平和"的社会心态。

（6）强化成果共享，构建经济发展、社会和谐和共同富裕"人人享有"的平安幸福家园。

一是共享经济发展成果；二是共促社会和谐稳定；三是共筑共同富裕根基。坚持全民共享治理成果，将"特富美安"的嘉善经验转化为社会治理效能，更好地造福人民群众，共建安民治县、利民兴县、富民强县的平安幸福家园。

（二）嘉善县社会矛盾纠纷调处化解"最多跑一地"改革的困难及挑战

在取得优异绩效的同时也应看到，建设县级矛调中心是一项开创性工作，目前仍处于探索阶段。通过访谈调研发现，嘉善县矛调中心建设也存在差距和不足，主要表现在职能定位、运作机制、组织管理、数据共享等4个方面。

（1）职能定位把握有待精准

其一是社会治理事件处置、社会风险研判平台建设有待推进；其二是矛盾纠纷"终点站"而非"起点站"的角色有待转变；其三是公共服务定位而非传统信访定位的理念有待变革。虽然嘉善县矛调中心的治理功效正逐渐显现，但在功能定位上，亟须从信访和矛盾纠纷调处化解平台转向社会治理事件处置、社会风险研判平台，从矛盾化解的"起点站"转向"终点站"，从传统的群众信访转向有人文关怀的公共服务。

（2）运作机制有待完善

一是职责边界不清晰；二是部门协调不到位；三是中心权威不够强。目前嘉善县矛调中心已完成实体中心的"物理集成"，而要产生"化学反应"，还需跨过职责边界、部门协调、中心权威等几道坎。

（3）组织管理质效有待提高

在考核机制层面，对各部门派驻人员的考核尚处于对接当中，存在较大的管理缺口；在人才素质层面，派驻中心工作人员的素质参差不齐，业务能力水平跟不上，影响工作效能。

（4）数据共享瓶颈有待突破

一是"基层治理四平台"与嘉善县矛调中心系统数据协同度还不够；二是中心内部各数据系统对接协同度不够。从目前的情况来看，嘉善县已拥有合作研发的矛盾化解一体化受办信息系统和浙江省社会矛盾纠纷调处化解协同应用系统2套系统，数字治理效能突出。但在"基层治理四平台"与嘉善县矛调中心的系统数据协同度、中心内部各数据系统对接协同度等方面，仍需下功夫加以解决。

（三）嘉善县社会矛盾纠纷调处化解"最多跑一地"改革的深化方向

矛调中心建设是加强和创新社会治理的突破性改革，也是浙江省一项重大战略部署。对标习近平总书记对嘉善县发展的殷切希望，对标60万嘉善儿女对美好生活的向往和期盼，未来，嘉善可进一步在强化队伍建设、优化运作流程、深化绩效考核、转化数据共享等方面转型升级。

四、参考文献

[1]　柴黎. 全国司法所2007年以来调解社会矛盾纠纷480万件[EB/OL]. (2008-01-08) [2021-01-01]. https://www.chinacourt.org/article/detail/2008/01/id/282713.shtml.

[2]　车俊. 深入贯彻习近平总书记考察浙江重要讲话精神 大力推进社会治理领域"最多跑一地"改革. 长安, 2020(8): 30-34.

[3]　从矛盾调解中心如何走向社会治理共同体？——范柏乃教授在省政协重点提案办理会上提出新建议[EB/OL]. (2020-10-10)[2021-01-01]. https://mp.weixin.qq.com/s/rnFkBGhmw_H2h4FtS7iSpQ.

[4]　范柏乃, 林哲杨, 马子晗. "最多跑一次"改革的先进样本：宁海"审批法庭"机制. 北京：中国财政经济出版社, 2019.

[5]　范柏乃, 朱华. 我国地方政府绩效评价体系的构建和实际测度. 政治学研究, 2005, (1): 86-97.

[6]　习近平. 中共中央关于制定国民经济和社会发展第十四个五年规划和二〇三五年远景目标的建议. 北京：人民出版社, 2020.

[7]　徐汉明, 邵登辉. 打造共建共治共享的社会治理格局[EB/OL]. (2018-06-21)[2021-01-01]. http://theory.people.com.cn/n1/2018/0621/c40531-30070455.html.

[8]　浙江省人民政府关于印发浙江省深化"最多跑一次"改革推进政府数字化转型工作总体方案的通知[EB/OL]. (2019-01-04)[2021-01-01]. http://www.zj.gov.cn/art/2019/1/4/art_12460_299566. html.

[9]　浙里改."浙"就是"最多跑一次"——写在"最多跑一次"改革实施三周年之际.浙江日报, 2019-12-06(1).

五、附录

推文链接：https://mp.weixin.qq.com/s/s2SSo3wMVtWZWCyD6EvzVQ。

附图1所示为作者在嘉善社会矛盾纠纷调处化解中心调研。

附图1　随范柏乃导师在嘉善社会矛盾纠纷调处化解中心调研

"Foward+Shading技术研究及实现" 课题总结报告

课题组成员：傅淄洋

指导教师：王锐

一、概述

在本次科研训练中，我们主要研究了 Forward+ 方法，也被称为平铺前向着色方法。这种方法在传统前向渲染基础上添加了一个基于计算着色器的光源剔除阶段。（Light-culling），使得使用前向渲染更多光源变得可能。这一方法使得我们可以摆脱延迟技术的限制，结合前向和延迟方法的优点，实现更好的像素着色质量。

最近几年，延迟着色在实时渲染，尤其是游戏领域变得流行起来。延迟着色技术将光照着色从几何体的光栅化过程中剥离出来，使得我们可以使用更多的光源，更好地对光照着色器进行管理。然而，延迟着色并不是没有缺点，它限制了可以使用的材质的多样性，需要占用更多内存，需要更大的内存传输带宽，难以处理透明物体，无法利用硬件反走样，等等。其中，材质的多样性对于实现更加真实的渲染效果尤为重要。然而，前向渲染通常需要我们设置一个固定的、很小的光源数量，来防止着色器的计算量过大。此外，前向渲染还需要我们在 CPU（中央处理器）端对着色器使用的光源材质信息进行动态管理。在主机（比如 XBox 360）上，前向渲染用到的动态分支开销极大。以上这些问题，使人们对延迟着色更感兴趣。

最近，GPU（图形处理器）硬件的能力得到很大程度的提升，具备了更加通用的计算能力。这使得使用前向方法进行大量光源渲染成为可能，然而，在片段着色器遍历所有光源进行着色的传统方法还是代价过高。

一种新的前向着色方法——Forward+ 方法通过对光源进行剔除，只使用对像素着色有贡献的光源进行着色，来实现同屏大量光源。使用这一方法，我们既可以从前向渲染的优势中受益，又可以渲染大量光源。

在我的研究中，将复现 Forward+ 方法，然后将其与延迟渲染、前向渲染进行对比。

二、课题研究的主要内容与重点

（一）相关工作

前向着色在实践中可以使用的光源数量很有限。延迟方法由于可以克服这一问题而变得流行。延迟渲染将所有几何信息存储在 G 缓冲区中，用于在屏幕空间进行光照着色时对内存传输的压力很大。延迟光照方法通过将光照和材质计算从最终的着色剥离来减少内存传输压力。有研究基于计算着色器实现了延迟光照，理论上，它减少了内存传输压力，应该是目前最好的延迟渲染实现方式。

延迟光照方法将延迟光照的累积光照成分改为存储光源索引。这一方法减小了 G 缓冲区的输出代价，但在最终的渲染着色器阶段，相比于延迟光照方法，需要读取更多的数据。此外，这一方法还限制了每个像素可以使用的光源数量。本文提出的 Forward+ 方法受到这一方法启发，但没有这一方法的限制问题，并且通过利用 GPU 的计算着色器减少了更多的内存传输压力。

（二）Forward+ 流程

Forward+ 通过首先确定哪些灯光与屏幕空间中的哪个区域重叠，来改进常规的前向渲染。在着色阶段，只需要考虑可能与当前片段重叠的灯光。

Forward+ 技术主要由灯光剔除通道、不透明通道、透明通道 3 个通道组成。

在灯光剔除过程中，场景中的每个灯光都被分类到屏幕空间图块中。

在不透明通道中，从灯光剔除通道生成的光索引列表用于计算不透明几何体的光照。在这个通道中，并不是所有的灯光都需要考虑照明，在计算照明时，只需要考虑之前分类到当前片段屏幕空间图块中的灯光。

透明通道类似于不透明通道，只是用于计算光照的灯光列表略有不同。

（三）网格平截头体

在灯光剔除发生之前，我们需要计算将用于将灯光剔除到屏幕空间图块中的剔除平截头体。由于剔除平截头体是在视图空间中表示的，因此只有在网格尺寸发生变化（例如屏幕大小需调整）或图块大小发生变化时，才需要重新计算。我将解释如何定义平铺的平截头体平面的基础。

屏幕被分成许多方形瓷砖。我将所有的屏幕图块称为光栅。我们需要给每个图块指定一个大小。大小定义了单个图块的垂直和水平大小。不应随意选择切片大小，但应选择它，以便每个切片可以由 DirectX 计算着色器中的单个线程组计算。线程组中的线程数应该是 64 的倍数，并且每个线程组不能超过 1024 个线程。线程组维度的可能候选者如下。

（1）8×8（每个线程组 64 个线程）。

（2）16×16（每个线程组 256 个线程）。

（3）32×32（每个线程组 1024 个线程）。

（四）灯光剔除

Forward+ 技术的下一步是使用在上一节中计算的网格平截头体来剔除灯光。网格平截头体的计算只需要在应用程序开始时，或者屏幕尺寸或图块大小发生变化时进行一次，但灯光剔除阶段必须发生在相机移动的每一帧或灯光位置移动的每一帧，或者场景中的对象出现变化时，否则会影响深度缓冲区的内容。这些事件中的任何一个都可能发生，因此通常可以安全地对每一帧执行灯光进行剔除。

执行灯光剔除的基本算法如下：① 计算图块视图空间中的最小 / 最大深度值；② 剔除灯光，并将灯光记录到光索引列表中；③ 将光索引列表复制到全局内存中；④ 计算最小 / 最大深度值。

（五）最终着色

Forward+ 技术的最后一部分是最终着色。此方法与标准前向渲染技术没有什么不同，只是我们使用在灯光剔除阶段生成的光索引列表，而不是循环遍历整个全局灯光列表。

除了标准前向渲染一节中描述的属性外，Forward+ 像素着色器还需要获取光索引列表和灯光剔除阶段生成的光网格。

在渲染不透明几何体时，必须小心绑定不透明几何体的光索引列表和光网格；在渲染透明几何体时，必须绑定透明几何体的光索引列表和光网格。当然，这看起来很明显，但最终像素着色器的唯一区别因素是绑定到像素器阶段的光索引列表和光网格。

（六）性能测试

为了测量各种渲染技术的性能，我在 NVIDIA GeForce GTX 680 GPU 上使用了 Sponza 场景，结果见图 1，屏幕分辨率为 1280×720。摄像机放置在靠近世界原点的位置，并且灯光被动画化，以围绕世界原点旋转 1 圈。

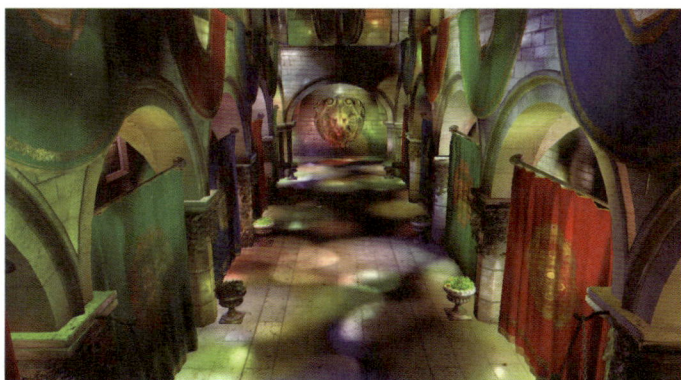

图 1　10000 盏灯的 Forward+ 的 Sponza 渲染图

我使用 2 种场景测试了每种渲染技术。

（1）范围为 35~40 个单位的大灯。

（2）范围为 1~2 个单位的小灯。

在场景中，2~3 个大灯是一个现实的场景（例如主光、补光和背光）。这些灯可能是设置气氛并为场景创造环境的阴影投射器。拥有许多（超过 5 个）充满屏幕的大灯不一定是现实场景，但我想看看在使用大屏幕填充灯时各种技术是如何缩放的。

拥有许多小灯是一种更现实的场景，可能会在游戏中普遍使用。许多小灯可用于模拟区域灯或反射照明效果，类似于全局照明算法的效果，这些算法通常仅使用光照贴图或光照探针进行模拟，标题如前向渲染的部分中所述。

虽然演示支持定向光，但我没有测试使用定向光渲染的性能。定向灯是大屏幕填充灯，类似于范围为 35~40 个单位的灯（第 1 种情况）。

在这 2 种场景中，灯光都随机放置在场景边界内的整个场景中。Sponza 场景按比例缩小，使其边界在 X 轴和 Z 轴上约为 30 个单位，在 Y 轴上约为 15 个单位。

　　每张图显示一组曲线，代表渲染技术的各个阶段。曲线的横轴表示场景中的灯光数量，纵轴表示以毫秒为单位测量的运行时间。每个图表还显示最小和最大阈值。最小阈值在图表中显示为绿色水平线，表示理想的帧速率为每秒 60 帧（fps）或 16.6ms。最大阈值在图表中显示为红色水平线，表示可接受的最低帧速率为 30fps 或 33.3ms。

　　我们先看看这 3 种渲染技术在使用大灯时的比较。图 2 显示了使用大灯时 3 种渲染技术的性能。

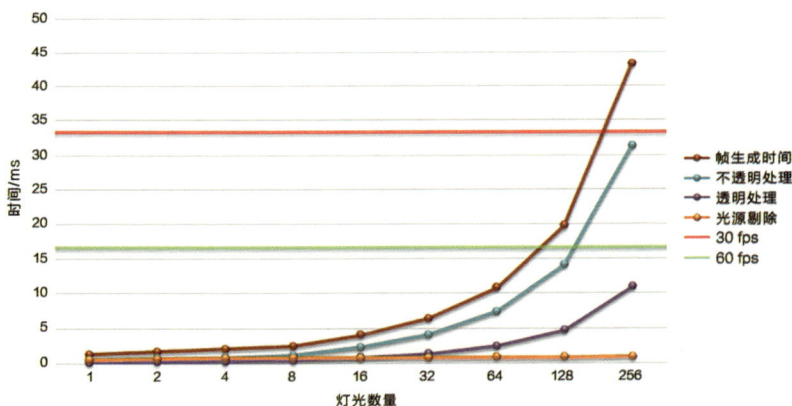

图2　使用大灯时 3 种渲染技术比较

　　正如预期的那样，前向渲染是渲染大灯时最昂贵的渲染算法。延迟渲染和 Forward+ 在性能上相当。即使我们不考虑在场景中渲染透明几何体，延迟渲染和 Forward+ 也具有相似的性能特征。

　　无论场景中的灯光数量如何，延迟渲染每个额外的 G 缓冲区渲染目标，每个像素需要大约 4 个字节的 GPU 内存。Forward+ 需要额外的 GPU 存储来存储光索引列表和光网格，即使场景仅包含少量动态灯光，也必须存储这些存储空间。

　　（1）延迟渲染（漫反射、镜面反射、法线，屏幕分辨率 1280×720）：+11MB。

　　（2）Forward+（光索引列表、光网格，屏幕分辨率 1280×720）：+5.76MB。

　　延迟渲染的额外存储要求基于每像素 32 位（4 个字节）的额外 3 个全屏缓冲区。深度 / 模板缓冲区和光累积缓冲区不被视为附加存储，因为标准前向渲染也会使用这些缓冲区。

图 3 显示使用小灯时 3 种渲染技术的性能。

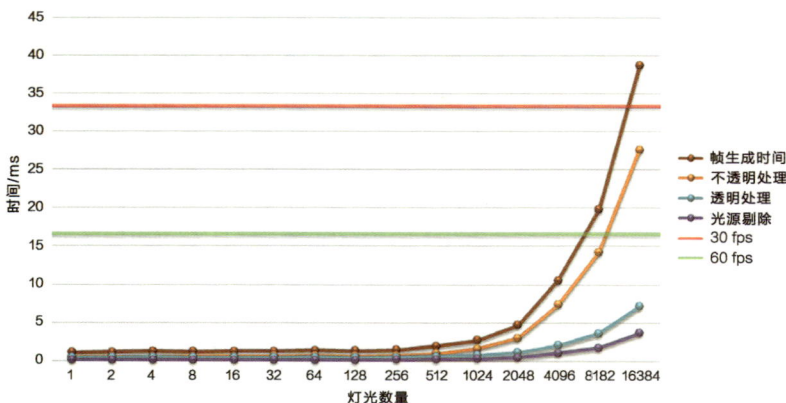

图 3　使用小灯时 3 种渲染技术比较

在小灯的情况下，Forward+ 显然是渲染时间的赢家。在大约 128 盏灯之前，延迟渲染和 Forward+ 在性能上是相当的，但当场景包含许多动态灯时会很快出现差距。

三、结论

通过 3 种渲染技术的对比，我们可以分为大灯（即大光源）和小灯（即小光源）2 种情况下的讨论。

（一）大灯情况下结果的讨论

如果我们考虑只有几个大灯的场景，在前向渲染、延迟渲染或前向加渲染之间仍然没有明显的性能优势。

如果我们考虑执行前向渲染、延迟渲染和 Forward+ 所需的内存占用，那么传统的前向渲染具有最小的内存使用量。

Forward+ 的额外存储要求基于 2 个光索引列表，每个光索引列表有足够的存储空间，平均每个平铺有 200 个光照，2 个 80×45 光网格，每个网格单元存储 2 分量无符号整数。

如果 GPU 存储对于目标平台来说是稀缺的，并且场景中不需要很多灯光，那么传统的前向渲染仍然是最佳选择。

（二）小灯情况下结果的讨论

在小灯的情况下，Forward+ 相比其他两者有非常明显的优势。然而，我们还必须考虑一个事实，即延迟渲染技术的很大一部分被渲染透明对象所消耗。如果不需要透明对象，则延迟渲染可能是一个可行的选择。

即使是小灯光，延迟渲染也需要更多的绘制调用来渲染灯光体积的几何形状。使用延迟渲染，每个光照体积必须至少渲染 2 次，第一次绘制调用更新模板缓冲区，第二次绘制调用执行光照方程。如果图形平台对过多的绘制调用非常敏感，那么延迟渲染可能不是最佳选择。

与大灯光的场景类似，当场景中只渲染少量灯光时，这 3 种技术都具有相似的性能特征。在这种情况下，我们必须考虑延迟渲染和 Forward+ 带来的额外内存需求。同样，如果 GPU 内存稀缺，并且场景中不需要许多动态灯光，那么标准的前向渲染可能是一个可行的解决方案。

（三）总结

在本文中，我描述了传统的前向渲染、延迟渲染、Forward+ 这 3 种渲染技术的实现。

我已经证明，传统的前向渲染非常适合需要支持多个着色模型和半透明对象的场景。传统的前向渲染也非常适合只有少量动态灯光的场景。分析表明，包含少于 100 个动态场景灯光的场景，在商业硬件上仍然表现良好。当不需要多个阴影贴图时，传统的前向渲染还具有较低的内存占用优势。当 GPU 内存稀缺且不需要支持许多动态灯光时（例如在移动或嵌入式设备上），传统的前向渲染可能是最佳选择。

延迟渲染最适合不需要多个着色模型或半透明对象，但需要许多动态场景灯光的场景。延迟渲染非常适合许多阴影投射灯光，因为单个阴影贴图可以在光照通道中的连续灯光之间共享。延迟渲染不太适合 GPU 内存有限的设备。在 3 种渲染技术中，延迟渲染的内存占用最大，每个 G 缓冲区纹理的每个像素需要额外的 4 个字节（在 1280×720 的屏幕分辨率下，每个纹理约需要 3.7MB）。

Forward+ 具有调度灯光剔除计算着色器所需的少量初始开销，但具有许多动态光的 Forward+ 的性能很快超过前向渲染和延迟渲染的性能。Forward+ 需要少量的额外内存。大约需要 5.7MB 的额外存储空间来存储使用 16×16 瓦片、屏幕分辨率为 1280×720 的光索引列表和光网格。Forward+ 要求目标平台支持计算着色器。在计算着色器不可用，但性能权衡可能会否定第一个执行灯光剔除的好处的情况下，可以在 CPU 上执行灯光剔除，并将光索引列表和光网格传递给像素着色器。

Forward+ 本身支持多材质和半透明材质（使用 2 个光索引列表），不透明和半透明材质都可以从 Forward+ 提供的性能提升中受益。

尽管 Forward+ 方法看起来已经相当完善，但可以对这种技术进行改进。集群延迟渲染应该能够以额外的内存需求为代价实现更好的性能。也许集群延迟渲染的内存需求可以通过使用稀疏体积纹理来减轻，但这还有待进一步观察。

四、参考文献

[1]　Andersson J. DirectX 11 rendering in battlefield 3. Game Developers Conference, 2011.

[2]　Arvo J. A Simple Method for box-sphere intersection testing//Glassner A. Graphics Gems. New York: Academic Press, 1990.

[3]　Billeter M, Olsson O, Assarsson U. Tiled forward shading// Engel W. GPU Pro 4. Boca Raton: CRC Press, 2013: 99-114.

[4]　Crassin C, Green S. Octree-based sparse voxelization using the GPU hardware rasterizer// Cozzi P, Riccio C. Open GL Insights. Boca Raton: CRC Press, 2012.

[5]　Ericson C. Real-time collision detection. Amsterdam: Elsevier, 2005.

[6]　Harada T, McKee J, Yang J. Forward+: A step toward film-style shading in real time// Engel W. GPU Pro 4. Boca Raton: CRC Press, 2013: 115-135.

[7]　Harada T, McKee J, Yang J. Forward+: Bringing deferred lighting to the next level.Computer Graphics Forum, 2012: 1-4.

[8]　Olsson O, Assarsson U. Tiled shading. Journal of Graphics, GPU, and Game Tools, 2011, 15(4): 235-251.

[9]　Olsson O, Billeter M, Assarsson U. Clustered deferred and forward shading//High Performance Graphics, 2012.

[10]　Saito T, Takahashi T.Comprehensible rendering of 3-D shapes//ACM SIGGRAPH Computer Graphics (vol. 24), 1990: 197-206.

[11]　Thomas G. Advancements in tiled-based compute rendering. San Francisco, 2015.

"核糖核酸酶A超家族的抗菌活性分析"课题总结报告

课题组成员：朱泽浩、励航宇

指导教师：许正平、盛静浩

一、概述

　　核糖核酸酶 A（Ribonuclease A，RNase A）超家族具有非常保守的超家族特性：① 均为分泌型蛋白，由 25 个氨基酸残基组成的经典信号肽在分泌过程中被切除，成熟的蛋白由大约 130 个氨基酸组成；② 一般由 6~8 个半胱氨酸形成 3~4 对分子内二硫键，维持其特有的空间结构；③ 其氨基酸序列中均含有非常保守的"CK××NTF"氨基酸序列（×× 为任意氨基酸）；④ 具有非常保守的 3 个酶催化活性位点，即第 12 位和第 119 位的组氨酸以及第 41 位的赖氨酸（相对于 RNase A 残基位置）。该超家族全部具有宿主防御功能。

　　与其他抗菌肽一样，RNase A 超家族带正电荷，可以与细菌的细胞壁 / 膜结合，破坏其结构，改变细菌的细胞壁 / 膜通透性，导致细胞内容物外泄，最终引起细菌死亡。另一方面，RNase A 还可以穿过细胞壁 / 膜，扰乱细菌内正常的代谢过程，例如降解 RNA。该超家族具有基本的分子特性及杀菌活性，但是每个成员具有自身独特的分子结构、特异性组织表达分布及微生物多样性，导致它们的抗菌活性存在差异。

RNase 1 在血管内皮细胞、胃肠道上皮细胞等多种组织细胞中均存在表达，可参与血管稳态维持、先天免疫等生理过程。在抗菌活性方面，RNase 1 完全抑制大肠杆菌、白念珠菌和光滑念珠菌菌株，且 RNase 1 的抗念珠菌活性呈剂量依赖性 [1]。有研究探索了 RNase 1 与其他抗菌肽的协同作用，RNase 1 本身并不能杀灭革兰氏阴性菌，但是可以显著增强抗菌肽 LL-37 的杀菌活性，两者协同，具有较高抗菌活性 [2]。

RNase 2 是 RNase A 超家族中最早证明在先天免疫中起作用的蛋白质之一，在脾脏、肝脏、肾脏、胎盘和尿液中存在，在嗜酸性粒细胞、单核细胞、树突状细胞、嗜碱性粒细胞和中性粒细胞中均检测到 RNase 2 表达，可参与树突细胞的成熟和活化、先天和适应性免疫过程。RNase 2 虽然没有表现出广谱的抗菌活性，但会在与细菌病原体接触时从嗜酸性粒细胞中释放出来。有报告称，当遇到致病菌时，嗜酸性粒细胞会大量释放 RNase 2，益生菌菌株不诱导 RNase 2 释放 [3]。

RNase 3 是另一种存在于嗜酸性粒细胞次级颗粒中的核糖核酸酶，在细胞活化或受到刺激时释放，除嗜酸性粒细胞外，其他白细胞如嗜中性粒细胞也表达 RNase 3，可参与组织修复、先天免疫过程。在抗菌活性方面，有研究证明 RNase 3 的抗菌活性与酶促功能没有必然联系 [4]。其对革兰氏阴性菌、革兰氏阳性菌及某些分枝杆菌菌株均具有强效抗菌活性，对前者的作用更强。

RNase 4 的 mRNA 的表达已经在人体中被检测出，包括肠道、骨骼肌、胰腺、肺、肾、胎盘、肝和单核细胞及肥大细胞。RNase 4 具有很强的核糖核酸酶活性，并在主要碱基切割位点表现出对尿苷的特异性。研究表明，RNase 4 是一种新发现的人类肾脏和膀胱中的宿主防御肽，其对尿路致病性大肠杆菌（Uropathogenic *Escherichia coli*，UPEC）具有抗菌活性，同时对多重耐药性 UPEC 同样具有抗菌活性 [5]。同时，RNase 4 是肠道菌群的新调控因子，可以抑制黏液螺旋藻菌生长、促进阿克曼菌生长，进而减缓肠炎的进展。

RNase 5 可以在不同的组织和器官中检测到 [6]，并且与许多病理生理过程有关，包括肿瘤形成、先天免疫反应、炎症调节、受损组织的繁殖和再生，且在促进新血管形成和血管生成中发挥作用 [7]。在抗菌活性方面，RNase 5 在肠道中直接与 α - 变形菌结合，导致细菌膜完整性的致命破坏 [8]，但由于其参与血管生成的特殊性，对其宿主防御的作用是否会产生副作用仍未知。

RNase 6 作为一种蛋白质，没有从任何人体组织或体液中纯化出来，但它被鉴定为基因组片段并位于 14 号染色体上。在许多组织中检测到单个 mRNA 转录物，包括肺（最高水平）、心脏、大脑、胎盘、肝脏、骨骼肌、肾脏和胰腺。细菌感染时，可以在中性粒细胞和单核细胞中检测到编码 RNase 6 的 mRNA 转录物，表明该蛋白质在宿主防御中起作用，且其抗菌活性与核糖核酸酶催化活性没有紧密联系 [9]。同时，RNase 6 对哺乳动物细胞显示出非常低的细胞毒性水平。

RNase 7 主要在皮肤及各种上皮组织表达，例如泌尿生殖组织、呼吸道组织以及小部分胃肠道细胞，并且 RNase 7 的表达与这些组织响应环境和微生物挑战的宿主防御特性有关 [10]。在抗菌活性方面，RNase 7 对革兰氏阳性菌和革兰氏阴性菌以及分枝杆菌都有活性。RNase 7 在微摩尔浓度下显示出活性，甚至对屎肠球菌的多重耐药分离株有杀灭作用 [11]。此外，真菌如白念珠菌或皮肤癣菌絮状表皮癣菌对 RNase 7 也敏感。

RNase 8 最初发现在胎盘中表达，随后有研究发现其在脾、肺和睾丸中也有表达，可保护胎盘免受感染 [12]。在抗菌活性方面，研究证明，RNase 8 在微摩尔每升或纳摩尔每升浓度下对各种临床相关微生物具有强大的抗菌活性，并且对革兰氏阳性和革兰氏阴性菌，包括不同的多重耐药菌株以及白念珠菌具有特异性，但不影响人体细胞 [13]。但是这与先前的研究结果相悖，对于 RNase 8，还需要更加准确的实验论证。

目前对 RNase A 超家族成员的抗菌活性的认识并不全面，且由不同实验平台完成，相互之间不具有可比性。本项目将采用相同的实验平台，并在相同的实验条件下，通过体外实验，对该超家族所有成员的抗菌活性进行系统而全面的评估，分析其异同，为后续进一步探究其生理病理意义提供线索。同时，本项目研究结果也有望为开发出具有广谱抗病原体活性且对宿主低毒的人源抗菌肽，为开发治疗细菌感染的药物提供新思路。

二、课题研究的主要内容与重点

RNase A 超家族是一类阳离子多肽，主要由免疫细胞和上皮组织表达，且具有一定的抗菌和免疫调节活性。本项目在相同的实验条件下，表达并纯化带有 6×His 标签的重组 RNase 1~RNase 8 蛋白，检测其酶活性与对大肠杆菌（*E. coli*）的抗菌活性强弱，并分析其异同。

（一）构建 RNase A 超家族成员表达载体

1. 实验方法

用人的基因组 DNA 作为模板 DNA，扩增 RNase 1~RNase 8 基因序列。再分别用带有 pET-28a 质粒的 *Bam*H I 和 *Eco*R I 酶切位点的下游及上游部分核苷酸序列的引物，将 RNase 1~RNase 8 基因序列接上同源臂。将 pET-28a 质粒在 *Bam*H I 和 *Eco*R I 位点酶切后，与带同源臂的目的基因序列进行同源重组，构建重组质粒。该质粒表达的蛋白氨基端连有 6×His 标签，便于后续纯化。将重组质粒与 DH5α/TOP10 感受态细胞冰浴孵育后热激 1min，在冰上冷却后涂板，菌落克隆提取质粒后，再转化入 BL21（DE3）感受态细胞。涂板过夜后，挑取数个单克隆进行 PCR（聚合酶链式反应）鉴定，并将 PCR 结果阳性的克隆进行测序鉴定。将序列正确的菌液与甘油按 1∶1 混合，冻存于 −80℃冰箱中。

2. 实验结果

通过 2 次 PCR 成功得到可用于同源重组的目的基因片段（见图 1），通过 *Bam*H I 和 *Eco*R I 位点，酶切得到线性化载体。同源重组产物经测序鉴定无误后，转化入 BL21（DE3）感受态细胞并冻存。

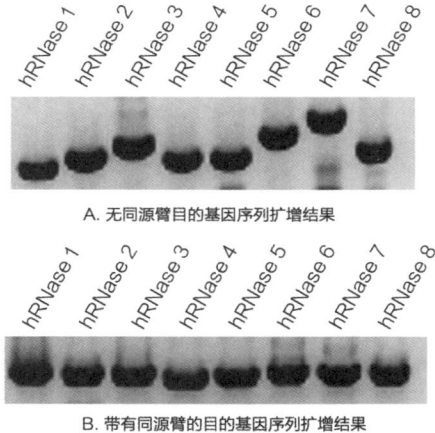

A. 无同源臂目的基因序列扩增结果

B. 带有同源臂的目的基因序列扩增结果

图 1　PCR 产物琼脂糖凝胶电泳结果

（二）表达与纯化重组蛋白 RNase 1~RNase 8

1. 实验方法

取含卡那霉素（Kanamycin）的 LB 液体培养基，复苏构建的感受态细胞过夜得到母液，将部分母液加入少许含卡那霉素的 LB 液体培养基摇床培养，至

$OD_{600} = 0.6$~0.8 时，取出 500 μL 菌液于 EP 管中用于后续 SDS-PAGE（十二烷基硫酸钠聚丙烯酰胺凝胶）电泳检测。向剩下的菌液中加入异丙基 - β -D- 硫代半乳糖苷（Isopropyl β -D-1-thiogalactopyranoside，IPTG）溶液至 IPTG 终浓度为 1mmol/L 后，继续置于摇床 37℃，250r/min 旋摇 3~4h 后，再取出 500 μL 菌液用于检测。使用试剂盒［碧云天 His 标签蛋白纯化试剂盒（耐变性剂型），产品编号 P2229S］在变性条件下纯化蛋白。再用截留量为 10kD 的超滤管（UFC9010），以 8mol/L、6mol/L、4mol/L、2mol/L 尿素溶液梯度超滤重组蛋白的纯化洗脱液，最后用超纯水超滤，使蛋白复性。SDS-PAGE 结果显示（见图 2），蛋白纯度较高，可以认为蛋白的表达与纯化较为成功。

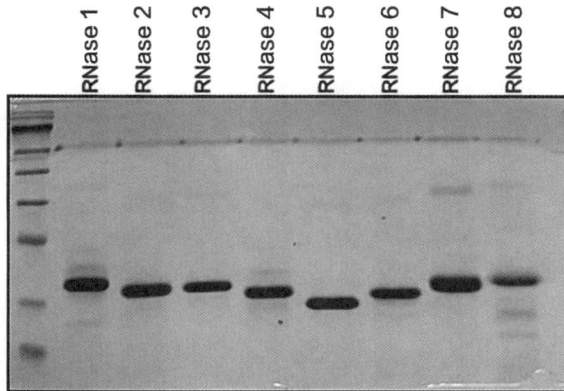

图 2 纯化后 RNase1~RNase8 蛋白溶液 SDS-PAGE 电泳结果

注：每种蛋白上样量为 2μg

2. 实验结果

通过镍柱亲和层析法纯化得到重组蛋白 RNase 1~RNase 8，经定量考马斯亮蓝染色法初步观察纯化效果较好，再通过灰度分析得到各重组蛋白的纯度均在 80%~95%。

（三）RNase A 重组蛋白酶活性测定

1. 实验方法

为了验证蛋白复性成功，取 1μg 纯化后的目的蛋白水溶液，与 1.6μg 小鼠 RNA 于 37℃共孵育，琼脂糖凝胶电泳观察各蛋白的酶活性。取 1μg RNase 1~RNase 8 蛋白水溶液，与 1.6μg 总 RNA 于 37℃共孵育 15min。结果如图 3A 所示，RNase 1、RNase 3、RNase 4、RNase 7 酶活性较强，泳道中几乎看不到残留

RNA；RNase 2、RNase 5、RNase 6 酶活性较弱，泳道中仍有部分已降解的 RNA 片段残留；RNase 8 的酶活性最弱，RNA 几乎没有降解。为进一步检测 RNase 8 的酶活性，取 2μg RNase 8 蛋白水溶液，与 1.6μg 总 RNA 于 37℃分别共孵育 30min、60min、120min。结果如图 3B 所示，RNase 8 具有极弱的酶活性。

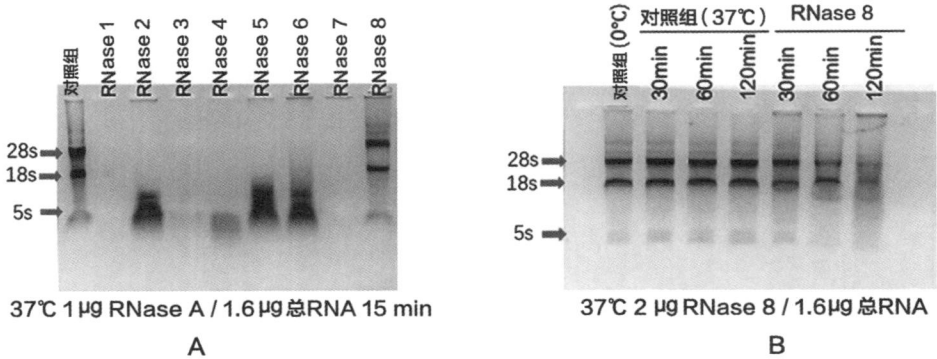

图 3　纯化后 RNase 1~RNase 8 蛋白溶液酶活性测定

2. 实验结果

可以发现 RNase A 超家族成员中，在本项目实验条件下，RNase 1 和 RNase 7 具有最强的酶活性，其次分别是 RNase 3、RNase 4、RNase 2、RNase 6、RNase 5，RNase 8 的酶活性最弱。

（四）RNase A 重组蛋白抗菌活性分析

1. 实验方法

首先，取对数期生长的大肠杆菌 1.5mL，4000r/min 离心 5min，弃上清，然后用 1mL 的 10mmol/L 磷酸钠缓冲液（pH=7.2）洗涤并重悬；将大肠杆菌梯度稀释至终浓度为 10^5~10^6 CFU/mL，并与不同浓度梯度的重组蛋白 RNase 1~RNase 8 于 37℃孵育 2h；然后将孵育后的细菌稀释 100 倍后，取 100μL 涂布到 LB 固体培养基培养 12h；最后以蛋白溶液浓度的对数值为横坐标，存活细菌百分数为纵坐标，用统计软件拟合出抗菌活性曲线，并得到各重组蛋白对大肠杆菌的半数致死浓度（50% Lethal dose，LD_{50}）。LD_{50} 指导致 50% 细菌死亡时的蛋白质浓度。

2. 实验结果

结果显示，$[LD_{50}]_{RNase\,1} = 0.081\mu mol/L$，$[LD_{50}]_{RNase\,2} = 0.027\mu mol/L$，$[LD_{50}]_{RNase\,3} = 0.009\mu mol/L$，$[LD_{50}]_{RNase\,6} = 0.086\mu mol/L$，$[LD_{50}]_{RNase\,7} = 0.001\mu mol/L$（见表 1）。蛋

白溶液对大肠杆菌的杀菌活性曲线见图 4。

表 1　RNase 1、2、3、6、7 对 *E. coli* 的半数致死浓度

蛋白	LD$_{50}$/（μmol/L）
RNase 1	0.081
RNase 2	0.027
RNase 3	0.009
RNase 6	0.086
RNase 7	0.001

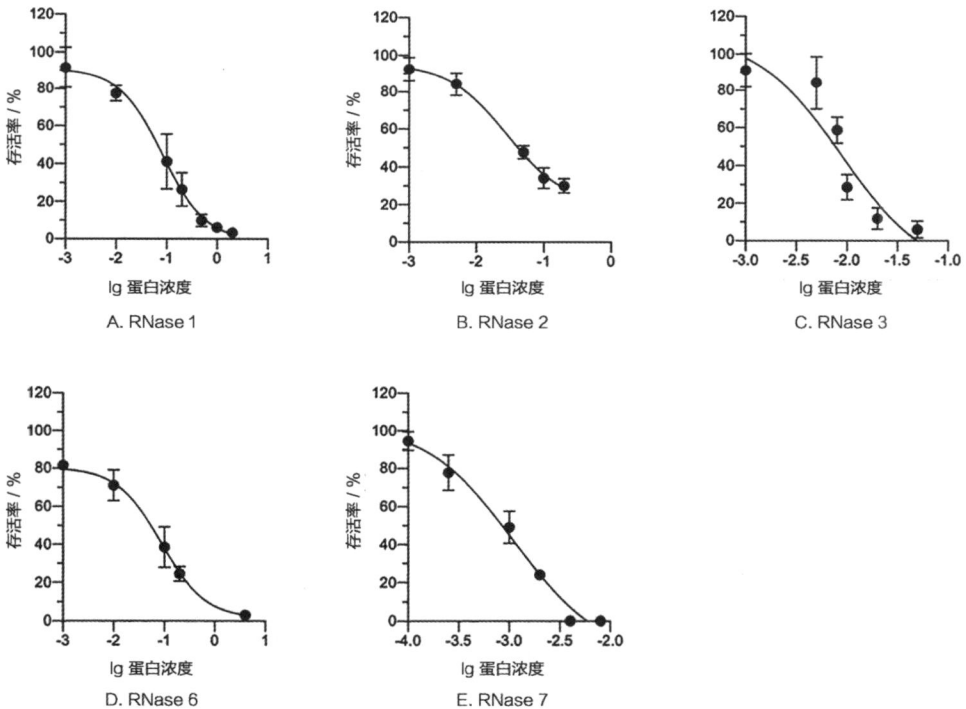

A. RNase 1　　　　B. RNase 2　　　　C. RNase 3

D. RNase 6　　　　E. RNase 7

图 4　纯化后蛋白溶液对 *E. coli* 的杀菌活性曲线

三、课题的主要结论

在纯化得到人源的 RNase 1~RNase 8 重组蛋白后，我们首先利用小鼠总 RNA

作为底物，对这 8 个蛋白的酶活性进行半定量分析与横向对比。结果显示，RNase 1 和 RNase 7 具有极强的酶活性；RNase 3 和 RNase 4 酶活性较强；RNase 2、RNase 5 和 RNase 6 酶活性较弱；RNase 8 几乎无酶活性（在 37℃条件下反应 15min 时几乎观测不到 RNase 8 的酶活性，当将反应时间延长至 60min 左右时，才观测到 RNase 8 表现出较弱的酶活性）。我们得到的实验结果与现有报道存在一定的差异[10]，原因可能在于文献采用标准酵母 tRNA 作为底物，而我们则采用小鼠 RNA 作为底物，因此造成实验结果的偏差。今后，我们也会依据文献的报道的实验条件，重新对 RNase 1~RNase 8 的酶活性进行系统评估与比较。

值得注意的是，RNase 8 虽然像其他 7 个成员一样，有典型的组氨酸 - 赖氨酸 - 组氨酸（H22-K45-H129）催化三联体结构，但其在现有的报道[13]和我们的实验结果中，都仅表现出极其微弱的酶活性。主要原因可能在于一个在 RNase A 超家族中保守的半胱氨酸残基（C81）被替换为甘氨酸，新的半胱氨酸残基出现在 66 号位点，造成 RNase 8 蛋白的二硫键发生不寻常的迁移[13]。这可能导致 RNase 8 的三级结构发生变化，进一步影响酶对底物的亲和力。此外，通过对人 RNase 8 所在基因座的重新分析，发现并确定了一个新的开放阅读框架，其中包括一个远端翻译起始点和在原有信号肽之前的一个编码额外的 30 个氨基酸的片段。这 30 个氨基酸构成一个亲水肽段，破坏了原来信号肽的疏水结构，因此 RNase 8 可能不像其他 7 个成员一样是一种分泌性蛋白，其信号肽及其之前的肽段也可能因此不会被切除。我们推测 RNase 8 的酶活性等其他生理功能可能依赖于未被切除的肽段、胞内的特定环境[14]。

此外，本研究系统检测了带有 6×His 标签的重组蛋白 RNase 1~RNase 8 中的 5 个成员对于大肠杆菌的抗菌活性，并进行了横向对比。目前发现对大肠杆菌的抗菌活性强弱为 RNase 7 > RNase 3 > RNase 2 > RNase 1 ≈ RNase 6。与已报道的大多数文献相比，我们获得的重组蛋白的氨基端连有 6×His 标签、凝血酶切割点位等非目的肽段。这些肽段可能对蛋白的三级结构产生影响，进而导致其抗菌活性的部分改变，也是部分成员的抗菌活性与先前研究存在差异的原因。

未来，我们预计将以相同方法完成剩下 3 个重组蛋白对于大肠杆菌的抗菌活性检测。完成大肠杆菌的抗菌实验后，我们将采取相同的实验条件与方法，检测 RNase 1~RNase 8 对金黄色葡萄球菌（*Staphylococcus aureus*）和白念珠菌（*Candida albicans*）的抗菌活性检测。同时，我们将用扫描电镜观察蛋白质对细菌细胞膜的破坏作用，来初步探索抗菌机制。

四、参考文献

[1] Kosgey J C, Jia L, Nyamao R M, et al. RNase 1, 2, 5 & 8 role in innate immunity: Strain specific antimicrobial activity. International Journal of Biological Macromolecules, 2020, 160: 1042-1049.

[2] Eller C H, Raines R T. Antimicrobial synergy of a ribonuclease and a peptide secreted by human cells. ACS Infectious Diseases 2020, 6(11): 3083-3088.

[3] Koczera P, Martin L, Marx G, et al. The ribonuclease a superfamily in humans: Canonical RNases as the buttress of innate immunity. International Journal of Molecular Sciences, 2016, 17(8): 1278.

[4] Lee H H, Wang Y N, Yang W H, et al. Human ribonuclease 1 serves as a secretory ligand of ephrin A4 receptor and induces breast tumor initiation. Nature Communications, 2021, 12(1): 2788.

[5] Moenner M, Gusse M, Hatzi E, et al. The widespread expression of angiogenin in different human cells suggests a biological function not only related to angiogenesis. European Journal of Biochemistry, 1994, 226(2): 483-490.

[6] Pulido D, Arranz-Trullén J, Prats-Ejarque G, et al. Insights into the antimicrobial mechanism of action of human RNase6: Structural determinants for bacterial cell agglutination and membrane permeation. International Journal of Molecular Sciences, 2016, 17(4): 552.

[7] Rademacher F, Dreyer S, Kopfnagel V, et al. The antimicrobial and immunomodulatory function of RNase 7 in skin. Frontiers in Immunology, 2019, 10, 2553.

[8] Sun D, Bai R, Zhou W, et al. Angiogenin maintains gut microbe homeostasis by balancing α-Proteobacteria and Lachnospiraceae. Gut, 2021, 70(4): 666-676.

[9] Rudolph B, Podschun R, Sahly H, et al. Identification of RNase 8 as a novel human antimicrobial protein. Antimicrobial Agents and Chemotherapy, 2006, 50(9): 3194-3196.

[10] Schwartz L, Cohen A, Thomas J, et al. The immunomodulatory and antimicrobial properties of the vertebrate ribonuclease a superfamily. Vaccines, 2018, 6(4): 76.

[11] Sorrentino S. The eight human "canonical" ribonucleases: Molecular diversity, catalytic

properties, and special biological actions of the enzyme proteins. FEBS Letters, 2010, 584(11): 2194-2200.

[12] Torrent M, Badia M, Moussaoui M, et al. comparison of human RNase 3 and RNase 7 bactericidal action at the Gram-negative and Gram-positive bacterial cell wall. FEBS Journal, 2010, 277(7): 1713-1725.

[13] Zhang J. RNase 8, a novel RNase A superfamily ribonuclease expressed uniquely in placenta. Nucleic Acids Research, 2002, 30(5): 1169-1175.

[14] Chan C C, Moser J M, Dyer K D, et al. Genetic diversity of human RNase 8. BMC genomics, 2012, 13: 40.

"作为叙事道具的文学资源——对《沉沦》集中诗文征用的研究"课题总结报告

课题组成员：沈伊可、罗啦、李欣睿
指导教师：邢程

一、概述

郁达夫（1896—1945）创作的《沉沦》集出版于 1921 年。作为新文学史上第一本短篇小说集，《沉沦》集在 20 世纪 20 年代的小说创作试验中，以其对所谓"现代主体"之于"内面"的自觉与描画，成为钩沉"现代"图景的一条织线。而在漫长的阅读和阐释过程中，"灵肉关系""颓废意味"的问题以其迷人的一面成为阐释重心之所在，小说在形式上的模仿与试验亦被其内容捕获乃至遮蔽。本项目并非想要抹杀此类研究的重要意义，但是在"现代"这一尚且暧昧不清的概念下，对小说集中的文章进行主题分析已是老生常谈。因此，本项目试图对此文集中的 3 篇文章（分别是《沉沦》《银灰色的死》《南迁》）进行细读，通过对郁达夫《沉沦》集中诗文征用的形式分析，穿透文学内部研究，探究在现代和传统交锋的背景下，郁达夫在自我幻象的建立过程中通过征用作为叙事道具的众多文学资源所达到的特殊效果。更进一步探索，本项目的问题在于，是什么使得人物的"内面"变得可见。

国内外研究状况

目前对于郁达夫《沉沦》集的研究主要集中在对其中 3 篇文本进行单篇的内

容与主题分析，并常常由此通达对郁达夫的精神分析式的理解。此类研究的问题在于，研究者试图以文本-作者的分析框架，揭示郁达夫作为一个"现代"创作主体在新文学领域内的独异性，但结果却往往将其淹没于作为一个整体的历史情感中。这一研究路径往往是危险的，但也不乏相当出色的研究。

（1）伊藤虎丸在《鲁迅、创造社与日本文学》中对郁达夫《沉沦》集与日本私小说之间的关系进行探讨，并指明其中能完整地找出日本自然主义私小说的诸特征，从而对郁达夫的文学创作进行定位——与其说基本上也还是现实主义的，或者两种相反思想同时并存，倒不如说是对现实主义的误解，虽有现实主义的外衣，但本质上还是浪漫主义文学。

（2）李欧梵则在《中国现代作家的浪漫一代》中的《郁达夫：自我的幻象》一文集中阐述了郁达夫创作中强烈的自欺成分，即郁达夫如何建立自我以外的自我——建立自己的幻象，从而作为对郁达夫自身的解脱，将其灵魂从自我束缚中解放出来。

然而，已经有一些学者开始摆脱这一危险的研究路径，比如王钦以"个体"和"主体"为线索重新阅读《沉沦》，并在更大的框架中提出《沉沦》研究的一种可能，即文学话语在现代民族国家的意识形态国家机器中作为社会体制之一对"个体＝主体"功能的反讽与瓦解；蒋晖则关注到了作为文学事件的《沉沦》中的4次"偷听"所具有的政治性内涵，并将其创造性地阐释为现代主体的一个特殊的姿态，一个排除集体经验以获得自我绝对性的行为，一个无事件性的事件，一个虚构的崇高历史主体的政治无意识；以及吴晓东在《郁达夫与现代风景的发现问题》中参照柄谷行人的"风景的发现"机制，提出风景与权力的内在相关性及其背后所关涉的东西方固有的权力关系，从而揭示西方现代性对郁达夫留学和写作时代的强势影响，以及郁达夫的创作所呈现的矛盾的风景观。

对于郁达夫《沉沦》集的研究大致如上，另有一些在材料或方法上值得参考的材料，仅以列举的形式呈现如下。

（1）《郁达夫全集》（浙江大学出版社，2007年）：这套书基本收录郁达夫生前全部作品，文献内容较为完善和准确，将作为本次研究中的检索材料。

（2）《中国文学史资料全编·现代卷：郁达夫研究资料》（知识产权出版社，2010年）：该书收录其生平资料、创作自述、研究论文，资料较为可靠、翔实，作为本次研究的检索材料。

（3）《郁达夫研究资料索引（1915—2005）》（浙江大学出版社，2006年）：这本书收录 1915—2005 年郁达夫研究资料的相关文献名称，方便查找阅读。我们将这本书作为本次研究的检索材料。

（4）《中国文学史资料全编·现代卷：创造社资料（上、下）》（知识产权出版社，2010 年）。

（5）*Reading Narrative*（University of Oklahoma Press, 1998）：在该书的第八章中，米勒聚焦分析了叙事线条无限多重的潜力，以及诸如脚注、前言、导言、结语之类的副文本。它们总是处于小说正文之外，但往往是这些东西打破了小说所要创设的某种逼真性幻觉，以及小说叙事的单一线条。

（6）《安身立命：大时代中的知识人》（上海人民出版社，2019 年）：这本书对现代中国的知识分子社会进行了特写和群像的描绘，其中值得注意的是，作者对中国"士绅社会"到"知识分子社会"的转型做了较好的总结，并从启蒙思想的内在复杂性出发，在突破传统 / 现代、中国 / 西方二元对立的思维模式的基础上，对近代中国知识分子的心路历程及自我冲突进行分析。

二、课题研究的主要内容与重点

在阅读《沉沦》集的过程中，我们发现郁达夫插入其中的诗文主要可分为 3 个部分。

（1）第一部分是大段插入的语言混杂的诗歌，例如《银灰色的死》中《坦好直》的进入、《沉沦》中《孤寂的高原刈稻者》的进入、《南迁》中《迷娘》的后附，以及在《沉沦》中叙事主体自身的诗歌创造。

（2）第二部分是日记（《沉沦》）、告示（《银灰色的死》）的出现。

（3）第三部分是文本中出现的文学著作标题，以及诸如 Zarathushtra 等作者名的使用。

其中，第一部分集中探讨郁达夫以母语中文的书写活动，穿插英文或是德文诗歌带来的效果。目前的思考主要有：中国旧体诗的出现语境主要集中于叙事主体自身中国身份的表达，而更大篇幅的诗歌进入则是西方诗歌（无论以何种语言出现），而这种对西方诗歌的征用所带来的效果绝不仅限于对"颓废"主体形象的创造。"东方民族性的颓废荒凉的美"为何要"借助他者的眼光透视出来"，背后的文化或是权力逻辑如何，是我们想要深入思考的问题。此外，这样的征用诗文进入，对文章本身的驱动功能何在？例如《银灰色的死》中《坦好直》的插入，在某种程度上可以理解为叙事主体情感合法性的来源。

第二部分集中探讨《沉沦》中出现的日记，以及在《银灰色的死》末尾出现的区役所告示。日记和告示都是以一种作者假设存在的伪叙事空间——对比于叙事发生的空间——资料存在。在《解读叙事》中，针对文本内部出现的信件等插入性文本进行基础性解读，Miller认为这些文本的存在降低了小说的真实性。但本研究小组认为，小说本身的存在，就具有"虚假性"这一与读者达成的"契约"，这种理解方式似乎并没有建设意义和价值。我们将把关注点集中在日记或告示在文章中的作用。以日记为例，它作为私人性的存在，成为最激荡的情感置放地，同时，日记的插入，使得主人公思维的流转，直接通过可视化的文字留存下来，读者可以直接透视到主人公激烈的内心情感搏斗。当然，如果在后期，我们能够从叙事结构的方面对文本中日记和告示进行解读，不排除这一部分内容出现在论文的可能性。

第三部分集中探讨小说中出现的文学著作标题和作者姓名的叙事效果。我们将这一部分内容大致分为2个部分，标题和姓名的出现达到的是场面感创设及形象设立的工具性效果，以及《圣经》出场的文化氛围和意义。我们将《圣经》以一个小标题的方式呈现，是因为我们注意到，在阅读小说集时，不同于《银灰色的死》或是《沉沦》中文学著作略显突兀的堆放，《圣经》的出场是极为自然、合理的。《圣经》的出场在一个祈祷室里，暗示着文本所创设的浓烈宗教背景以及所代表的普遍的身份认同。我们认为，在《南迁》当中出现的《圣经》，创设的是普世性的价值观，作者通过基督教的环境，省去"主观的感慨"。这种暴露性的自我剖析方式为主的写作方法，使得郁达夫无须再像另两篇小说，通过叙事主体的强烈情感倾诉达到"自我幻象"的创设。

三、课题的主要结论

1.《沉沦》集中3篇作品在文本表层最为明显的特征是语言的混杂应用：非叙事主体自身创作的插入性文本多为西方作品

在《沉沦》中，郁达夫借主人公之口说出了自己的观点："英国诗是英国诗，中国诗是中国诗，又何必译来对去呢？"从这句话中不难看出，中国诗与西方诗在郁达夫看来是具有各自特质，因而有所区别的。在小说集以中文为母语的书写中，有意以多样的形式穿插英文或是德文的诗歌，这种对西方文本的征用显然不仅仅增添了文本的丰富性。而以中文写就的旧体诗文本与现代白话文文本形成对照，也暗示了旧体诗插入暗含的特殊意味。这种英文、德文、中文造成的语言混杂不仅影响了文本推进的节奏，也与主人公形象特质以及作者心理有着潜在的关联。

2. 区役所的告示与主人公的信件作为叙事道具，分别出现在郁达夫《银灰色的死》的末尾部分和《沉沦》的中间部分

两者在各自的文本中承担着不同的叙事功能，如果说前者试图以一种客观的方式呈现主人公死亡的事实，那么后者则直接进入主人公最具私人性的内在场域，使读者得以直观人物的心理。此外，在《银灰色的死》中，区役所的告示作为一个整体构成文章的一个独立部分；而《沉沦》中主人公的信件只是以片段的形式出现在文章第二部分的末尾，实际上以一种"元文本"的形式与文章内容构成互补关系。但需要指出的是，两者都是作者在编排小说时创设的区别于叙事发生空间的另一层次的空间构造，或者是人物内在的心理空间，或者是外部空间，共同为小说的"真实性"诉求服务。然而这种"真实性"的诉求都在文本中以不同的形式被瓦解。

3. 符号的叙事意义

在《沉沦》集中，有许多外国书名以及它们的作者名，以不经意的姿态，留于小说的字里行间。这些书籍，仅仅被当作工具使用，其自身所包含的文章内容和主题内涵，部分或者是全然地与小说中实际上被郁达夫利用的部分割裂开来。作者或是借用书籍的意境，或是书籍作者的经历，为自己的小说主人公增加一些文学色彩；又或是借助书籍作者的个体形象，从而省去对形象建构的繁难。这些书籍，丧失作为书的完整性，而被迫割裂。其意境、主题之间的联系，书籍内容和作者之间的联系，甚至是书籍本身物质载体和书籍内容之间的联系都被割裂开来。这些不同因素间的重新组合，使得郁达夫的小说得以发生与存在。

四、参考文献

[1]　姜涛.公寓中的塔.北京：北京大学出版社，2015.

[2]　李杭春.郁达夫研究资料索引（1915—2005）.杭州：浙江大学出版社，2006.

[3]　李欧梵.中国现代作家的浪漫一代.王宏志，等译.北京：新星出版社，2005.

[4]　鲁迅.鲁迅全集.北京：人民文学出版社，2005.

[5]　饶鸿兢，陈颂声，李伟江，等.中国文学史资料全编·现代卷：创造社资料（上、下）.北京：知识产权出版社，2010.

[6]　圣经：新旧约全书·马太福音.北京：中国基督教协会，1989.

[7]　王自立，陈子善.中国文学史资料全编·现代卷：郁达夫研究资料.北京：知识产权出版社，2010.

[8]　吴晓东.郁达夫与中国现代"风景的发现".中国现代文学研究丛刊，2012(10)：80-89.

[9]　许纪霖.安身立命：大时代中的知识人.上海：上海人民出版社，2019.

[10]　伊藤虎丸.鲁迅、创造社与日本文学.北京：北京大学出版社，1995.

[11]　郁达夫.郁达夫全集.杭州：浙江大学出版社，2007.

[12]　Miller H J. Reading Narrative. Norman: University of Oklahoma Press, 1998.

研究心路　为学无际

"Foward+Shading技术研究及实现"项目心得体会

课题组成员：傅淄洋

指导教师：王锐

项目组成员简介

傅淄洋，2018级混合班学生，主修计算机科学与技术专业，项目负责人。

指导教师简介

王锐，浙江大学计算机科学与技术学院教授，博士生导师。研究方向：计算机图形学；虚拟现实；数字娱乐；三维显示技术。

科研训练是大学学习必不可少的一个环节。很多大学都有这方面的安排，认为科研训练确实能提高学生的科研能力、创新意识和创新能力。通过科研训练，可以激发学生的专业激情和学习兴趣，并能培养学生的科研组织能力和对专业知识的综合运用能力，提高学生的综合素质。在本次科研训练中，我主要研究了Forward+方法，也被称为平铺前向着色方法。通过这次科研训练，我对渲染管线有了深刻的了解，并在此基础上制备了一个基于Forward+方法的渲染器。

通过本次科研训练，我了解了科技论文撰写的基本要求，即科技论文是由科技工作者对其创造性研究成果进行理论分析和科学总结，并得以公开发表或通过答辩的科技写作文体。一篇完备的科技论文，应该按一定的格式书写，并具有科学性、首创性和逻辑性；还应按一定的方式发表，即有效出版。科技论文的类型一般有论证型、科技报告型、发现发明型、计算型和综述型5种。作为科技报告型论文，要求有作者自己的新见解，应提供足够多的研究项目的信息，写出的原始资料必须准确，可以包括正、反两方面的经验和结果，使之成为进一步研究的依据。一篇好的综述型论文应包含前人未曾发表的新思想和新资料，还要求撰写者在综合分析和评价已有资料的基础上，提出特定时期内有关学科或专业领域的演变规律和发展趋势。写论文要避免使用含义笼统及一般化的词语，还要避免用不得体的华丽辞藻或过高过低的程度用语。国内的科技期刊要求中文论文题名不超过 20 个汉字，外文论文题名不超过 10 个实词。另外，题名中应尽量避免使用化学结构式、数学公式，以及不太为同行熟悉的外来语、符号、简称、缩写及商品名称。

更值得注意的是，因为刚刚接触科技论文的撰写，总会把摘要与引言混为一谈，将摘要写成引言，其实两者是有区别的。从内容上区分，摘要是以提供论文内容梗概为目的的、不加评论和补充解释，简明、确切地记述论文重要内容的短文，其基本要素包括研究的目的、方法、结果和结论。引言是简要说明研究工作的目的、范围、相关领域的前人工作和知识空白、理论基础和分析、研究设想、研究方法、实验设计、预想结果和意义等。从功能上区分，摘要能使读者了解论文的主要内容。读者在检索到论文题名后是否继续阅读论文的其他部分，主要通过阅读摘要来进行判断；同时，摘要为科技情报人员和计算机检索提供方便。引言主要是提出论文中研究的问题，引导读者阅读和理解全文。从特性上区分，摘要具有独立性和自明性，并拥有与论文同等量的主要信息，即不阅读全文就能获得必要信息。引言是论文内容的一部分，是论文的前奏，不具备独立性和自明性，不能单独成篇。

此外就是在写参考文献时经常出错，尤其是格式上的错误。这里说的参考文献是指为撰写或编辑论著而引用的有关文献资料。在科技论文中，凡是引用前人（包括作者自己过去的）已发表的文献中的观点、数据和材料等，都要对它们在文中出现的地方予以标明，并在文末（致谢段之后）列出参考文献表。其格式依参考资料种类的不同而异。

通过科研训练，我学到很多东西，在理论上、动手能力的培养上，甚至在态度上都有了很大的提高。科学研究讲究严谨，每个研究者都要怀着一丝不苟的态度去做好每一次研究。研究开始前的计划与大量准备是必不可少的。通过训练，我发现要做好一件事情必须要不怕困难，坚持到底，只有这样，才能克服困难，赢得最后的胜利。作为信息时代的大学生，仅会操作鼠标、懂得理论知识是不够的，基本的动手能力是一切工作和创造的基础与必要条件。另外，理工科的学生不是只会计算和实验就够了的，培养表达能力也很重要，要懂得把自己的想法恰如其分地表达清楚，梳理成文章，让感兴趣的人更好地欣赏自己的作品。所以，通过科研训练，我取得了较大的进步，对我以后的发展和专业水平的提高有很大帮助。我会一直努力用理论联系实际的方法提高自己，奔向人生最高处。

此次的科研训练还让我意识到，自己对本专业的发展现状及重大的科研成果没有多少认知。通信行业是发展十分迅速、更新换代非常快的行业，掌握其最新的科研信息非常重要，所以只浅显地学习专业知识是远远不够的，这就需要我们有较强的自主学习能力，要跟上时代的发展。在今后的学习生活中，我们应积极了解有关本专业的前沿科技信息，自主学习本专业相关技术软件的应用，并积极培养自主创新的能力。

通过这段时间的科研训练，我深切感受到"获益匪浅"四个字的含义。首先，科研训练开阔了我的视野。其次，这次科研训练有效地提高了我写代码的能力，让我对完成代码量较大的工程有了底气和经验。

我希望今后的实践中能学到更多，有更多收获和感悟。感谢学院的精心安排与导师的谆谆教导！

深度科研训练项目"核糖核酸酶A超家族的抗菌活性分析"研究心得体会

课题组成员：朱泽浩、励航宇

指导教师：许正平、盛静浩

项目组成员简介

朱泽浩，2019级医学实验班（临床医学八年制）学生，主修生物科学专业，项目负责人。

励航宇，2019级医学实验班（临床医学八年制）学生，主修生物科学专业，项目组成员。

指导教师简介

许正平，浙江大学求是特聘教授，博士生导师。浙江大学医学中心常务副主任兼医学院副院长。研究方向：核糖核酸酶A超家族的新功能新机制；肠道健康促进新技术新方案。

盛静浩，浙江大学医学院副教授，博士生导师。研究方向：典型环境污染物与肠道健康及疾病；环境相关慢性疾病的防控研究。

转眼间，为期1年的深度科研训练即将步入尾声。这1年的时间里，有实验突破带来的欣喜雀跃，也有被失败和挫折困扰的烦躁忧愁。总的来说，这1年来，我和我的小组成员都收获许多，成长许多。

我们进步最明显的是学科的理论和实验的技术。我认为在实验室做实验是实验技术和理论相互促进、相互提高的过程。一方面，我们做实验之前需要充分理解实验原理，这个过程中，我们或是请教实验室的老师、师兄师姐，或是查阅书籍和论文文献。不同于课堂上的被动学习，这是一个主动求知的过程。在这种主动探索的过程中，我们享受着一点点满足好奇心及一点点接近真相带来的喜悦，真正体会到学习知识带来的乐趣。学习理论知识让我们能够理解每一实验步骤的原理与作用，因而在做实验时能知晓关键所在，甚至根据实际情况合理地改变或优化实验条件。另一方面，在实验的具体操作中，我们也加深了对理论知识的理解。此前很多时候，我们以囫囵吞枣的形式学习课堂知识，不仅没有完全理解，而且会很快遗忘；而当把理论和具体的操作步骤结合并反复练习巩固后，我们对知识的掌握也更加牢固和深入了。

此外，在深度科研训练实施的过程中，我们收获了许多在课堂上获得不了的东西，各方面的素养与能力都得到提升。首先是应对挫折的乐观与敢于迎难而上的勇气。在许多时候，我们做实验会接连遇到好几次失败。最长的一次，我们甚至连续一个多月没有成功做好一个实验。当时，我们每天都垂头丧气，一度想要放弃。而在老师、师兄师姐以及好朋友的鼓励下，我们还是坚持了下来，不断摸索，改进实验条件，改变实验方法，保持乐观的心态继续努力尝试，才最终获得成功。其次是团队的沟通与协作能力。实验不是一个人的事，在项目实施的过程中，常常是所有组员在一起讨论与分配任务。我们有时也会与师兄师姐一起讨论项目，互相帮助，共同完成彼此的任务。我们在这个过程中，我们充分体会到团队的重要性。在团队中，不仅可以彼此照应，而且可以相互学习，相互督促，从而取得"1+1>2"的效果。

总的来说，我们感到非常幸运，能拥有这样一个锻炼自己、提升自己的机会。也非常感谢学校、学院、指导老师以及小组成员的帮助。

"疫情危机下重点人群心理干预模式研究与在线干预系统开发"项目研究心路

课题组成员：黄子鸣、曹讯、宋天琪

指导教师：陈树林

项目组成员简介

黄子鸣，2018 级人文社科实验班学生，主修应用心理学专业，项目负责人。

曹讯，2018 级人文社科实验班学生，主修数字媒体技术专业，项目组成员。

宋天琪，2018 级人文社科实验班学生，主修计算机科学与技术专业，项目组成员。

指导教师简介

陈树林，浙江大学心理与行为科学系教授，博士生导师。研究方向：临床心理学；精神医学；老年心理健康。

世界卫生组织（WHO）统计（2020），全球约 10 亿人正在遭受精神障碍困扰，抑郁症患者总数达到 3.22 亿人，每 40 秒就有 1 人因自杀而失去生命。中国（2017）患抑郁症的人数已超过 9000 万人，中国大学生群体的抑郁症发病率在 23.8%。

在我刚开始接触深度科研训练项目的时候，正好是新冠疫情暴发的初期。当时在家中的我，在线上组会中与师兄师姐、导师讨论疫情下的心理危机，深切体会到现在许多人被隔离在家中，缺少社会支持、无法寻求心理咨询师帮助的痛苦与无助。

于是，在和导师陈树林老师的每周例会中，我们想到可以通过线上的方式去促进人们的心理健康。为了更具针对性，我们首先将目标设定为大学生——这就是"疫情危机下重点人群心理干预模式研究与在线干预系统开发"项目的初衷。

我们看到了需求、证实了需求，并最终创造出"吐槽机器人"的雏形——引导用户通过吐槽倾诉的方式进行情绪宣泄与自我披露，并结合现代心理咨询的情感反映技术对用户情感进行即时分析反馈，以促进其自我觉察与内省，并以人本主义来访者中心疗法为基础，通过自身力量转变情绪、认知与行为，发挥非指导性自助式心理咨询的效果。

我们参加了互联网＋项目的比赛，并获得校级二等奖；在深度科研训练项目的评选中收获最佳人气奖和优秀作品奖的荣誉。我们还与生物医学工程与仪器科学学院（简称生仪学院）展开合作，未来将继续开发在线心理干预系统。至此，我们拥有了最初并未设想过的成果。

但事实上，在这一切开始之前，我从未接触过科研，只是一个空有抱负而无处施展的茫然的大二学生。

诚然，人生昧履，就好似在茫茫大雾之中摸索而行。尤其是离开高中进入大学的我们，刚接触到多元、丰富的大学生活，好像乘着行驶至海中央的小舟，欣喜又担心转瞬倾覆。

当我们举目四望之时，感谢竺可桢学院（简称竺院）的导师制和深度科研训练项目。导师制是一座桥梁。这座桥梁将我们从茫茫大雾中指引而出，给予方向；而深度科研训练提供给我们尝试的机会。

在大二通过导师制与陈树林老师相互选定后，我就开始参与实验室日常的组会，学习心理咨询技术，并且在组会中进行汇报展示。此外，我与陈树林老师每周开1次例会，对本周阅读的文献进行总结，且就科研思路、灵感进行讨论。

在这个过程中，我不断对心理健康的各个领域进行探索和尝试，了解自己是不是真的擅长、喜欢这个方向，未来要做什么样的研究，怎么样去做研究。无数次摸索与创新，就好像在往不透明的杯子里装水，自己或许意识不到，但其实有了一定的进步。

在行走的过程中，我渐渐发现，深度科研训练并不是通往广阔平原的桥，也不是通往安逸的温床。加入实验室，在优秀导师的指导下进行科研工作、学习知识，我面对的将是群山连绵、崎岖斜径。

我拄着手杖，拨开杂草荆棘，踏过嶙峋乱石，叩问黄土：前往灵山有多少路？十万八千有余零！路漫漫其修远兮，科研终究是任重而道远的。科研道路上注定会有无数坎坷，需要热血、心血和大量时间的投入；科研并不是一件简单的事情，并且大有价值；它是没有硝烟的战场，又是一次次越岭翻山的远行。

当开启科研训练这扇门，更多的要看我们自己，看我们如何利用有效深度科研训练的平台，充分发挥主动性，去与导师、师兄师姐高效交流；看我们如何保持乐观、勇敢，在无数次失败和坎坷面前开拓创新、发现通往真理的道路；看我们如何平衡好科研、学习、生活、社会实践的时间安排，不能顾此失彼。

如今毕业之际，再次回顾，依旧感谢与导师制和深度科研训练的相遇。谢谢大家的阅读，也希望未来大家可以在科研路上实现个人价值。

无问西东
——深度科研一年记

课题组成员：王嘉鸣
指导教师：杨万喜

项目组成员简介

王嘉鸣，2019级医学实验班（临床医学八年制）学生，主修生物科学专业，项目负责人。

指导教师简介

杨万喜，浙江大学生命科学学院教授，博士生导师。研究方向：动物生殖和发育生物学；细胞周期动力学；雄性生殖系统癌症。

乌云总会散去，雨后总有晴空，愿你所向披靡，大步前行。

怀着对生殖生物学的好奇和兴趣，我于大一下学期就加入了生命科学学院杨万喜老师的实验室。杨老师非常有趣，再大的道理都能给我们讲得很透彻，帮助我们规划人生，给我们指导实验，真的是提供了力所能及的所有帮助。真的非常感谢杨老师对我的辛苦栽培及无条件支持。杨老师是我科研路上的启蒙者和贵人。

我真正拿到课题是在大二下学期3月。那么从大一下学期加入实验室到拿到课题的这段时间内，我在做什么呢？当然，我没有在"划水"。做科研，英语能力很重要。大一的暑假，恰逢疫情防控没法回家，我索性把自己关在宿舍里看完 *Molecular Biology of the Cell* 这本全英文书，这本书有1800多页，厚得像砖头。看完后，我的英语水平得到全面的提升，也让我在全国大学英语六级考试中获得

626 分。我是怎么做到的？很简单，做科研，心里不能有任何杂念，一心一意才是真的。熬过那些无人问津的日子，才能有自己想要的诗和远方。

我的课题是"Arp3 和 EPS8 通过 mTOR 信号通路参与中华绒螯蟹血淋巴 - 精巢屏障形成的机制"。课题是我自己定的，因为杨老师很注重培养学生的自主性，而不是依赖导师或者师兄师姐。我为什么想研究这个？第一，杨老师的国家自然科学基金课题是关于 mTOR 信号通路对中华绒螯蟹血淋巴 - 精巢的调控，我想参与这个项目；第二，我发现杨老师实验室的研究暂时还没有涉及 EPS8 和 Arp3 这两个直接调控 F-actin 的蛋白。于是，我与杨老师一拍即合，就定这个课题。因为目前国际上没有太多关于中华绒螯蟹的研究，所以其基因序列是未知的。我的第一步工作就是克隆这两个基因，克隆基因很快，一个月时间即可。第二步，我想要研究一个基因的功能，就需要抗体，而国内外各个生物公司均没有生产中华绒螯蟹的抗体。怎么办？那就自己制备抗体。这一步会让很多人畏惧和胆怯。我当时其实有一点抵触的情绪，因为看到别的同学所用的抗体都可以直接买。但是后来我安慰自己道：学习怎么做抗体也不是什么坏事，以后我就有独立制备抗体的能力了，不用依赖别人。最后，我花了一年多时间做一个抗体，估摸着一般人早就放弃了。

因为实验时间紧张，势必会占据学习的时间。我不认为这是一件坏事，因为这种紧张的生活节奏可以让我的效率得到大幅度的提升，克服拖延的习惯。我可以做到 6:10 就起床，吃完早饭先自学一会儿，然后去上课，上完课一边在实验室做实验，一边复习功课。若实验结束得早，还可以去跑个步。所以，大家不用过于担心学习和科研生活太紧张，过得充实，过得有深度，这才是大学生该有的样子。学习和科研都很重要，希望大家还是把学习放在第一位，科研成果是锦上添花的。有良好的身体素质是很必要的，学习和科研再忙，也不能忘记锻炼。杨老师一直对我说："要多喝水，多吃饭，多睡觉，多运动"。身体是革命的本钱。

在实验过程中，我曾遭受过"当头一棒"：由于没有事先弄清楚 *Arp3* 基因的全称是什么，我克隆出来 *Arp3* 基因并非真正的 *Arp3* 基因。当时我真的很沮丧，有一种天塌了的感觉。记得那一晚睡觉我一直在哭，因为觉得一年的努力都白费了。当然，我还是很快就调整过来了。我认为这是生活给我的历练，快到绝望的时候，往往拐点就开始出现了。真正的 *Arp3* 基因我其实只用了 3 天就克隆完成，因为有了前面的基础，后面的实验就很快。

再来聊聊论文。到 2022 年 6 月 24 日，我作为第一作者已经发表 2 篇 SCI 论文，另外还有 1 篇论文已修回。出于对激素调控研究的热爱，我的第一篇 SCI 论文是关于激素对精子发生的调控的综述。因为热爱，所以我阅读文献时富有激情，按照自己的方法，1 个月的时间就读完 120 篇论文。第一篇论文之所以那么快完成，第一是因为自己感兴趣，第二是因为大一暑假我的英语能力有了质的飞跃。每个人的时间都是那么多，你怎么用，就会给你怎么样的回报。青春是用来奋斗的，而不是挥霍的。

感谢在这一年里我得到的帮助甚至质疑，正是矛盾体的存在，让我咬着牙坚持了下去，也总算做出一点自己想要的东西。

最后，有几句话想送给学弟学妹。第一，时间只有被利用在刀刃上，才会得到相应的回报；第二，希望大家不要"三天打鱼两天晒网"，没有长久的坚持是不会有成果的；第三，希望你们把学习放在第一位，好好投资自己。

我想说的还有很多，凝练一下，就是：科研很苦，坚持很酷，你若决定灿烂，山无遮，海无拦。

育人经验　启而求真

参与竺可桢学院导师制的分享与经验

陈树林

作者简介

陈树林，浙江大学心理与行为科学系教授，博士生导师。研究方向：临床心理学；精神医学；老年心理健康。

传道、授业、解惑，为人师，于我而言，是一件很快乐的事。收到邀约让我分享与学生一起教学相长的体会，是因学生的优秀。育心、育德、育才，都是我的浅尝；学生的领悟，让她优秀。

一、育心

李白曾言："兴在趣方逸，欢余情未终。"这句话讲的是李白借宿于洛阳龙门香寺里，天高云淡，月影悠长，谈起这一路旅程：这一程路途遥远，舟车劳顿，恰恰多亏那高涨的兴致，才能使愉悦从始至终。科研之路漫漫，也如一段越岭翻山的长行，山河如画，也难免一时困顿无措，唯有心之所向，方有一往无前。

刚进入大学的同学们，面对五花八门的专业、形形色色的专业方向，往往不知道该走哪条路、路该如何去走，因而常陷入迷茫无措的困境。在焦头烂额中，随波逐流、胡乱了事或许是一种更为容易的选择，但我更鼓励同学们拿起思考的铁锹和犁耙，不断翻耕内心被淹没的原野，找寻到科研领域属于自己的沃土。

在导师制开展伊始，我指导的黄子鸣同学也尚未厘清自己的头绪，在被问到她感兴趣的方向时，常常回答我的都是"也可以"，抑或是"不知道"。而我每周与她讨论时，一句"你觉得怎么样"成为"固定句式"，讨论竺老两问"来浙大做什么、将来毕业后做什么样的人"也成为不可缺少的环节。

事有急之不白者，毋躁急以速其忿，同学们在二十岁的年纪，踌躇、举目四顾皆是再正常不过的事。而这种探索自我、分析自我的习惯并不只有益于此时，更作用于一生。这是一个人进一步了解自身的过程，也是自我完善、成长的过程。

经过一个学期的探讨后，当听到黄子鸣同学在讨论中表达自己的见解与看法，说起"促进人们心理健康"对于她内心的价值与意义感时，我从她的声音里听到了喜悦，听到了浓浓的兴趣。于是，我们沿着她的自我觉察和尊重内心的方向，开启她的科研探索之路。

二、育德

我内心的信念：树立正确的三观和品德，是学业和事业的基础。

在求是园，如何把求是创新传递给学生，如何让学生认识到即使有社会功利化和内卷，有浮躁和急功近利，我们仍然要保持敬畏之心，怀有对科学的敬畏，是在科研旅途中不可忘记的道德律。"求是"是务得真实、求得真理，科研也是以朝圣的心态完成找到最终答案的跋涉。

再者，"求是创新"之创新，并非为创新而创新，而是讲求做研究的人用理性去淘洗喧嚣声中的精华，找到藏于肌理之下真实的社会痛点与需求，真正做到与时俱进、与社会同心，将乾坤万卷落于黄土、用于人民、造福社会。

2020年的冬天，新冠疫情暴发。疫情所导致的压力，也使心理不健康问题发生比例增加，但由于种种原因，许多需要帮助的人无法接受心理咨询等服务。于是，黄子鸣同学和我在探讨中看到了疫情下人们寻求心理资源的迫切需求，这便是深度科研训练项目"疫情危机下重点人群心理干预模式研究与在线系统开发"诞生的初衷：忧国如家，以天下为己任。

三、育才

人才的培养是多元化的，知识的学习应是综合的。在导师制的培养中，除了通过项目进行科研水平的提升，我着重要提及的是组会这样一个关键的学习平台。

在组会中，我们会学习心理咨询不同的疗法与技术，组织学生进行汇报和模拟咨询。但我认为更加可贵的是，组会可以为学生们提供一个公开讨论、思考的机会，让组会上来自心理学、医学、管理学等不同专业、不同年龄、不同身份的老师和同学们进行思想的碰撞。

正如竺院所倡导的交叉化培养，我也支持学生思考"交叉"与"多元"的意义，在科研探索中寻求不同专业的合作交流。项目"疫情危机下重点人群心理干预模式研究与在线系统开发"正是心理学院与生仪学院合作的结果，项目中所设计的可以帮助用户进行倾诉与情绪宣泄的"吐槽机器人"，能够从心理学的角度发挥自助性心理咨询的效果，也能从生仪的角度实现产品的落地。此种合作和交流有益于激发学生多元化思考，开阔眼界，寻求创新。

百年之计，教育为本。竺院所倡导的导师制是培养优秀人才的途径，其中，育心、育德、育才也是传道授业解惑的必要元素。所谓"师乐教而弟子乐学，教乐乐，学乐乐，教学相长，乐在其中矣"，育人之育，并非易事，也需不断思考与改进，与学生共同成长、共同进步。

从方法学论深度科研训练与学生未来职业发展的关系

杨万喜

作者简介

杨万喜，浙江大学生命科学学院生物科学系、浙江大学生命科学学院细胞与发育生物学研究所教授，博士生导师。1997 年，在华东师范大学动物学专业获博士学位。1997—2001 年，先后在杭州大学生命科学学院、浙江大学生命科学学院工作。2001 年 6 月—2004 年 12 月，在美国北卡罗来纳州东卡罗莱纳大学医学院从事博士后研究工作。2004 年 12 月回国，于浙江大学生命科学学院任教。著有自传体随笔《世纪彷徨》。

深度科研训练和学生的未来职业发展到底有怎样的关系？每当进入竺可桢学院（简称竺院）的荣誉教育系统确认学生以及深度科研训练课题的时候，这个问题总会闪现在我的脑海中。作为竺院导师，多年的指导实践，结合学生后续的发展，我深刻认识到深度科研训练与学生的未来职业发展关系密切。我们实验室培养过的竺院本科生，是来自巴德年医学试验班（简称巴德年班）以及求是科学班（生物科学）（简称求是生物班）的学生。

巴德年班学生的目标是成为国际知名的医学家和科学家。求是生物班学生的目标是成为国际生命科学研究的引路人、国际级大学者。这两类学生的未来发展共性是要使自己成为国际著名的科学家。对他们来说，这可谓重任在肩，但任重道远。很多同学在大一的时候是迷茫的，不知道自己该如何发展。竺院的深度科研训练计划，可让学生在该计划的引领下，依靠专业实验室，在本科期间就在自己感兴趣的专业领域接受严格的和系统的科研训练，为后续的博士生教育奠定专业基础。作为生物科学专业的导师，本人是坚定的本科生科研训练计划的支持者，也是竺院深度科研训练计划的具体执行者。

本文将从指导本科生科研训练的方法学的角度，讨论该计划与学生未来职业发展的关系。具体的专业指导方法不在本文论述范围内。本文主要讨论总体方法学。

第一，让学生在思想上高度重视深度科研训练。加入深度科研训练的学生，其未来无论是成为临床医生还是成为教学科研人员，科学研究能力是排在第一位的，是应该被高度重视的。这一点必须让学生深刻理解。在大学里，至少会有部分人持有这样的观点，即本科生的主要任务是学习专业基础知识，而科研能力并不是本科生必须掌握的。这部分人认为本科生只要把课程学好就可以毕业了，至于科研能力，将来读研究生的时候再培养也不迟。事实上，作为一个博士生导师，深知博士生是否具有过人的科研能力，与本科期间的系统性训练密不可分。如果一个博士生在本科期间从未接受过正规的科研训练，那么其博士期间的发展将严重受阻，主要体现在其博士论文课题的进展较慢，甚至跟不上时代的发展。在这种情况下，部分博士生可能会被时代的大潮所淘汰。本科期间没有接受过正规的科研训练，和大学的科研氛围以及个人的目标导向密不可分。学生只有深知本科期间科研训练的重要性，才能获得这个能力。那么我们是如何让学生知道科学研究能力的重要性的？关于这个问题，我们有以下几点做法：一是在每周1次的实验室会议上，我们会将科研训练的重要性作详细阐述，且不断地重复这种阐述。二是经常与学生一对一谈话，实现与学生的心灵交流，让他们将提高科学研究能力变成其自身的内在需求。当一个人将奋斗变成自己内在需求的时候，勤奋和努力就不再是导师们关心的问题。一般的建议是，学生进入大二后，就应该选定实验室，接受科研环境的熏陶，较早地在思想上重视科研训练，从而奠定未来成功的基础。

第二，导师要及时且准确地把握学生的科研兴趣。这点很重要。科研训练，不是让学生走马观花地学习实验技术，而是应该让学生在明确自己的研究兴趣的基础上，实实在在地集中精力，研究一个具体的科学问题。但实际上，由于基础知识不足，大多数学生并不能准确地说出自己喜欢什么问题。这种情况下，导师的作用就应该发挥出来。我们的具体做法是：通过与学生一对一的谈话，了解学生的研究兴趣，再通过多次谈话，引导学生确定具体的科学问题。

第三，鼓励学生培养独立的科学探索精神。面对具体的科学问题，学生要有独立思考的能力。这是我们重点关注的方面。作为导师，我经常纠正学生在科学探索精神上的偏差。我常用的指导原则是：给学生足够的自由发展空间，绝不干扰学生的科学思路，更不会打击学生的科学研究精神。尽管我们实验室是研究生殖与发育生物学的专业实验室，但是，我们实验室的本科生可根据自己的研究兴趣独辟蹊径。不给学生设定框架，给学生相当大的自由度，往往会催生原创性成果。

第四，帮助学生维持科学研究的信心。我们实验室督促学生的方法是一种被我们称为"鼓励式督促"的方法。这个方法，不仅不会让学生产生无形的压力，而且会让学生觉得导师在关注着自己的发展，拉近师生之间的距离，让学生感觉到自己有强大的后盾。这无疑使学生维持和发展了研究信心。

有部分学生进入实验室后，对科学研究的信心往往很快就会被一些负能量冲刷殆尽。科学研究过程中常常会产生无休止的失败。众所周知，科学研究的本质是探索。既然是探索，那就会有失败。而失败往往是让学生丧失自信心的罪魁祸首。为了防止学生在进入深度科研训练计划后因为失败而丢失自信心，我们采取的方法是让学生常有小成功，通过小成功让他们树立自信。小成功是未来大成就的基础。我们实验室的本科生能频频发表第一作者论文，原因在于他们往往自信心饱满，绝不盲目否定自己的能力。我们让学生维持自信心的方法是从一连串的小事开始的。那么，我们是如何让学生常常觉得自己有能力的？常用的方法有：一、让学生用英文在实验室会议上作学术报告。通常是通过解读国际上其他实验室的文章，让学生掌握科学问题的凝练方法，以及工作假设的形成方法。学生还要理解数据的分析和结论的形成过程。二、让学生在实验室会议上作开题报告，让学生全盘把握学习问题的解决方案。三、鼓励学生在实验室会议上提问。高水平的提问往往会让人刮目相看。四、让学生担任实验室会议的主持人，可快速增强学生的自信心。

第五，用论文展示学生的实际科学研究能力。实际科研能力从综述撰写开始。这是我们一直坚持使用的方法。学生首先会被要求阅读某一领域的文献。通过海量阅读，在导师的指导下，学生自主确定一个感兴趣的领域进行深入调研。学生被要求定期和导师讨论，最终确定一个精准的科学问题作为综述的主题，目标是写出并发表一篇高质量的综述性论文。

本科生写综述性论文，往往会被认为不可行，甚至是不可能的。这一错误的指导思想，会使学生失去锻炼自己凝练科学问题的能力的机会。提出精准的科学问题是一种能力，而如何提出精准的科学问题，恰恰是通过撰写文献综述获得的。这个能力，如果能在本科时期就掌握，那么在后续的求学生涯中，学生就会走在同龄人的前面，比同龄人更精准地把握国际领域的前沿问题。

综述撰写能力对未来事业发展的影响是巨大的。浙江大学第十届十佳大学生倪飞达（巴德年班学生），2019 年 7 月在 Nature 出版集团旗下的影响因子 8.5 的刊物 *Cell Death and Disease* 上发表了一篇第一作者论文，迄今已经被他引超过 75 次。这是一个引人注目的他引次数，说明倪飞达同学的科学问题把握能力、文章构架能力、英文表述能力已经达到国际化水平。除了倪飞达同学外，巴德年班的王嘉鸣同学，2022 年 2 月在国际内分泌专业刊物 *Frontiers in Endocrinology* 上发表了一篇第一作者综述，论文获得国际审稿人的高度评价，说明其专业水平已达到一定的高度。2018 级的徐晨硕，在新冠病毒是否影响人类的生殖系统方面做了系统的总结和探索，该研究突显巴德年班同学的科学思考能力。求是生物班的金石开同学发表的论文被《世界卫生组织人类精液检查和处理实验室手册》（*WHO Laboratory Manual for the Examination and Processing of Human Semen*）第六版引用，说明了该论文具有一定的学术价值。

实践证明，我们使用的 5 个方面培养本科生的深度科研能力的方法是有效的。我们希望通过使用上述方法，培养出更多更优秀的本科生，为未来国际著名科学家的培养奠定基础。

如何提高学生科研训练项目申请书的质量
——关于竺可桢学院深度科研训练项目申请的几点建议

应美丹

作者简介

应美丹，浙江大学药学院教授，博士生导师。浙江大学药理毒理研究所所长。研究方向：肿瘤药理学；基于蛋白质翻译后修饰的抗肿瘤创新药物研究；基于儿童肿瘤的创新药物靶点发现研究。

竺可桢学院实施深度科研训练项目多年，我作为评委评审该项目也有 3 年的经验。在评审的过程中，我可以明显感受到学生们都非常用心，但是仍有不少学生由于缺乏项目申请书的撰写经验，在评审中会失分。因此，本文总结了一份优秀的项目申请书撰写时需要注意的事项，并将以前的申请书进行了分析，总结了一些学生经常会出现的问题，供大家参考讨论。

一、关于项目申请的建议

1. 选题需新颖且应精心设计

项目选题应当在新颖性的基础上精心设计，提炼关键科学问题，让评阅人快速获取重要信息。新颖的选题一般包括：①较少人涉足的研究领域；②学科前沿的理论探讨；③新技术、新方法的应用。作为本科生科研训练项目，踏足较少人涉猎的研究领域存在一定困难，因此建议选题从"前沿理论创新"和"新方法应用"角度切入思考，选择积累较多、较有优势的领域前沿进行选题的"查新"工作，即通过查阅相关项目的过往立项信息，确定申报选题或课题是否具有新颖性，再根据领域内相关研究的最新动向和待解决问题，凝练出自己的项目选题。

学生可通过访问"本科生科研训练与学科竞赛管理系统"查阅往期项目的立项信息进行"查新"工作，最大限度上避免重复性选题。在此基础上，学生需要大量查阅领域内的相关文献，检索过程中应当以回答下列问题为目的进行针对性查询。①领域目前的发展动向：可以通过阅读被引用次数较多的综述性文章对研究动向进行一个整体性了解，明确目前活跃的研究方向。②领域内目前存在且亟须解决的科学问题：重点阅读综述文章和研究型文章结尾的讨论部分内容，提炼当前领域内亟须解决的科学问题。③领域活跃方向上最新的研究结果：在现有研究结果的基础上尝试进行延伸或开辟新的角度，凝练出具有新颖性的科学问题。

此外，在确立选题的过程中还需要考虑时间因素，作为时长 1 年的短期科研训练项目，课题不宜过于空泛、目标过高，这样会导致研究缺乏重点。应当将问题具体化，针对特定的研究对象提出具体的技术手段或解决方法，保证在 1 年的时间内可以完成和实现预期目标。

2. 项目简介应言简意赅

项目简介限定字数在 300 字以内，因此要千锤百炼、言简意赅，将问题的来龙去脉和项目的研究亮点展现出来，让评阅人能够快速了解项目内容。完整的项目简介应该包括以下内容：研究背景、研究目的、研究内容、预期成果和特色与创新之处。①研究背景：通常用 1~2 句话概括项目相关领域的研究动向以及目前亟须解决的问题，交代清楚基本背景信息。②研究目的：用 1 个句子进行描述，与科学问题严格呼应，解决科学问题就是项目的研究目的。研究目的应当明确、简洁，突出项目的科学性。③研究内容：需表明由科学问题延伸出来的最相关要素，需要重点突出且有足够的深度空间可以挖掘。一般用 2~3 句话进行概括，切忌过多过细的陈述，关键在于翔实、可行，突出研究特色和价值。④预期成果：用 1 个句子进行描述，与研究内容呼应，根据项目的执行时间等要素撰写符合实际的预期成果。⑤特色与创新之处：即项目中有别于他人的思想，可以是技术和方法层面的，也可以是思路上的新理解。需要注意避免罗列一些似是而非的语句，应当以独特的角度对旧问题提出新思路，或提出新问题和新视角。

总结来说，项目简介应当谨慎地利用每一个字，在有限的篇幅里展现项目的逻辑性和科学性，让评阅人一目了然。

3. 合理安排研究计划

研究计划应当具体、执行性强，重点在于体现项目的研究进度和研究内容安排。本科生科研训练项目的执行时间通常是 1 年，因此建议以 3 个月作为时间节点撰写项目研究计划，写作过程应当注意如下几点：①不要罗列过多的研究内容，以 3 个方面的内容为宜，关键是体现内容的深度；②不要泛泛而谈，讲述人尽皆知的一般规律性研究，要突出自身特色，方能引人入胜；③对于计划内容，不要辅以长篇大论的解释说明，应按照研究的逻辑顺序合理编排，言简意赅。总的来说，研究计划应当逻辑鲜明，执行性强，内容上翔实、可行、先进。

4. 精炼描述特色与创新点

特色与创新点是有别于他人的思想或思路，即通过描述本项目与已有研究的区别，分析比较、提炼出亮点和创新之处。创新之处可以是技术或方法层面上的，也可以是思路上的新理解。建议本科生科研训练项目的申请书列举 1~2 个特色和创新之处即可，过多列举，容易给人创新性不足、过于平淡的印象。需要避免罗列一些似是而非的想法，强调项目所在领域、方向在科学上的重要意义，并不等同于项目本身在科学上就具有创新性和特色。创新的程度取决于自己的想象力是否比别人走得更远，建议从研究视角、实验方法技术、实验方案设计、研究预期结果的科学性以及科学意义等角度寻找项目特色与创新点。

5. 写作的其他建议

（1）详细描述预期成果。预期成果是对项目实施效果的预测，通常可以分为研究结果和研究成果进行描述。①研究结果与选题呼应，描述研究完成时期望得到的实验结果或实际观察结果，同时体现合乎逻辑、切合实际的推断和预测；②研究成果通常是指研究中可能申请的专利、发表的论文，对于本科生科研训练项目来说有一定难度，但建议具体描述专利或研究型论文的内容，以体现申请人对研究的总体规划和预期。

（2）合理撰写研究条件。现有研究条件应该紧扣研究内容，根据研究计划所需的实验条件进行一一阐述，不能简单、泛泛地罗列研究单位所拥有的实验仪器和实验条件。

（3）撰写过程合理衔接各个模块。书写申请书的过程要做到语言表达简练、信息性强、逻辑严谨、层次清晰、主次分明、行文流畅、避免错别字，还要注意各部分之间的合理衔接。申请书中的科学问题、研究计划和研究条件应当思路连贯、互相支撑、首尾呼应。

二、申请书存在的主要问题

本人针对 2019—2022 年评审的总计 64 份项目申请书可能存在的问题进行了不完全统计，结果显示，绝大多数的申请书（占 57.81%）选题新颖，研究计划安排合理，有自身的特色和创新之处，但是也有部分申请书存在 1 个或多个问题（详见图 1），如选题欠佳、计划不合理、设计有缺陷、撰写质量低等问题（详见图 2）。最常见的问题是选题欠佳（占 18.75%），说明学生在选题的"查新"工作以及关键科学问题的提炼水平上还需要提高。现分析部分申请书，将最容易出现的一些问题进行汇总讨论。

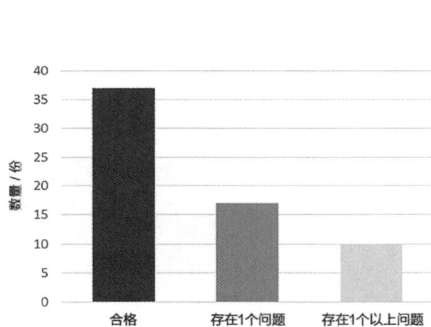

图 1　项目申请书合格数统计

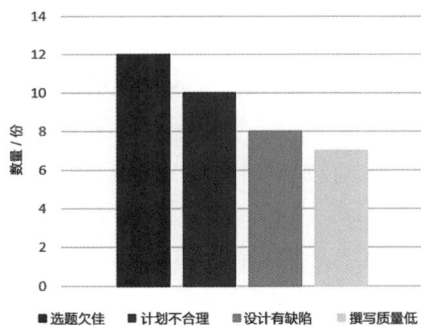

图 2　项目申请书问题统计

1. 项目选题欠佳

项目选题的问题主要体现在以下方面：①学术思想缺乏创新性。如项目"××肾损伤研究"涉及的领域已有大量相关的研究报道，相关机制和应对策略已经十分成熟，该项目并未提出更加新颖的学术思想。②研究目标不清晰。如"基于××成像技术比较不同××系统"项目仅阐明了研究内容和相关的技术手段，未给技术手段搭建应用场景，研究目标不明确。③拟解决的关键问题不明确。如"××界面细胞亚群解析"选题过于简单，并未表明拟解决的科学问题；"××病毒增加感染肿瘤细胞能力"仅阐明新技术手段，未阐明相关的应用场景以及期望解决的关键问题。

2. 项目研究计划安排不合理，研究内容过多

部分项目存在工作量过大，难以按照研究计划完成的问题。如某项目计划于6 个月完成靶点结构数据挖掘、分析以及药物结构设计，并于后续 6 个月获得相

关化合物并进行效果评估，工作量较大，且研究计划安排不够细致。某项目计划用 2 个月的时间完成药物筛选模型构建，却需要用 4 个月时间完成药物筛选，时间分布上不够合理；此外，该项目期望在最后 2 个月完成筛选所得药物的效应验证和机制研究，工作量过大，难以完成。

3. 研究设计存在缺陷

部分项目存在技术路线不合理、研究方案缺乏针对性和可行性的问题。如部分项目的研究方案缺乏针对性，仅按照研究时间轴罗列实验方法；部分项目对技术路线的描述缺乏细节，项目可行性较差。

4. 申请书撰写质量低

（1）对相关研究背景缺乏了解。如部分项目仅对技术手段的背景进行介绍，未对相关应用场景、待解决的问题进行说明，导致项目的研究目的不明确；部分项目未对疾病背景及治疗现状作出相应介绍，项目的应用价值和研究意义不明。

（2）申请人团队组成不合理。有部分项目团队成员只有申请人 1 人，本科生科研训练项目锻炼的不仅是个人科研能力，团队协作能力也是很重要的部分，好的工作是合作共赢，而非单打独斗、闭门造车。建议至少由 2 位成员组队参与项目申报。

综上所述，竺可桢学院的深度科研训练项目为学生提供了非常好的训练机会，申请书的撰写更是一次难得的机会，大家在精心准备的过程中自然会获益良多。

指导学生开展深度科研训练的一点体会

作者简介

骆兴国，浙江大学经济学院教授，博士生导师。浙江大学经济学院金融系副系主任。研究方向：资产定价；衍生品市场；量化高频；绿色能源金融；资产证券化；人民币汇率和数字普惠金融等。

竺可桢学院的深度科研训练项目为学生提供了深度参与科研项目的平台，我有幸作为深度科研训练项目的优秀导师，很高兴在这里分享一些指导学生开展科研训练的经验与体会。

在深度科研训练项目开展初期，我收到很多来自学生的导师申请邮件。我个人对科研的要求比较高。在学生申请我成为深度科研训练项目的导师之前，我都会与学生进行比较深入的沟通，了解这名学生是否能够接受较高强度的科研训练、是否真的对科研感兴趣，以及其未来的学业和职业规划。在确定学生意向之后，我就会对学生开展科研指导。

首先，我对申请深度科研训练项目的学生有很严格的科研要求，学生需要每周撰写进度报告。在深度科研初期，我会给予学生充分的课题选择机会，学生可以根据自己的兴趣选择特定方向的论文进行研读。每周，学生都需要对本周研读的论文进行总结，并将总结文档以邮件的形式发送给我，同时在邮件中附上本周遇到的疑问和接下来的进度计划。定期的邮件报告不仅能够让我更加了解学生的科研进度，及时对学生在阅读文献中遇到的问题答疑解惑，而且能作为学生进行科研的动力。一开始，我会推荐学生从几大顶级刊物开始阅读，了解最新的研究方向和研究方法。在对自己选定的大方向有比较全面的了解之后，学生需要确定一个感兴趣的细分方向，并开始在这个方向中继续深耕。在学生毫无头绪地寻找文献时，我会建议学生从一篇文献的引用文献及引用这篇文献的文献开始入手，寻找这个方向已经解决和亟待解决的问题。

同时，我会为学生提供充分的交流资源，比如邀请低年级的学生及其师兄师姐一起到我办公室进行交流。我认为，除了我本人和学生的交流之外，学生之间的交流也是非常重要的。参与我的深度科研训练项目的同学有的来自金融学、经济学，也有理工科背景的同学，他们之间能够碰撞出灵感上的火花，同时可以利用各自的学科优势进行科研上的合作。很多学生通过和师兄师姐的交流，解决了数据和模型的问题。本科生也可以通过我的连线和研究生联系，对科研以及研究生期间的学习生活都有更好的了解。我相信学生之间的火花是非常强烈的。

此外，一个好的科研项目需要好的数据支撑。在数据方面，我也会利用自己的国家自然科学基金项目等资源，尽力给学生提供可供使用的高质量高频数据。同时，因为处理高频日度数据需要用到计算机语言，一些学生没有很好的计算机基础，我会尽力提供以往文献的源代码文件供他们学习。我还会向他们推荐曾经处理这个问题的师兄师姐，供其交流和学习。我还会和国外的学者合作，因此我的学生也有了和除我之外的其他教授深度交流及合作的机会。

在科研之余，我也乐于为学生提供其他帮助，比如帮他们撰写研究生申请的推荐信，为他们提供实习机会等。我很开心看到我推荐的学生能够到清华大学、北京大学、复旦大学、上海交通大学及哥伦比亚大学、卡耐基梅隆大学等名校深造。我也会经常邀请学生一起吃饭，在饭桌上探讨在学习、生活中遇到的问题。

竺可桢学院的深度科研计划为热衷于科研的本科学生提供了很好的平台，也为学生未来的学业和职业生涯规划提供了新的思路和实践机会。祝愿参与深度科研的学生们都能有所收获。

竺可桢学院深度科研的"来龙"

唐晓武

作者简介

唐晓武，浙江大学建筑工程学院教授，博士生导师。浙江大学国际教育学院副院长。研究方向：软黏土力学；环境土工；土工合成材料。

竺可桢学院（简称竺院）混合班自 1984 年创立以来就鼓励学生利用导师制积极参与科研，将计算机软件专业的课程体系，特别是编程方面的知识较早地融入导师的科研项目中，成为研究生课程的补充。吴朝晖校长就是该项目最早的实践者。

2008 年，竺院在本科生院体系下与教学研究处合署办公，全校学科竞赛也归教研处管理。陆国栋处长对学科竞赛非常支持，由其策划创立的全国普通高校大学生竞赛排行榜已深刻地影响中国各大高校和大学生。富有求是创新精神的浙大学子不负众望，获 2010 年全国数学建模竞赛总冠军、2011 年 ACM 程序设计全球总冠军、2013 年机器人世界杯小型组冠军，只用 3 年即创下辉煌战绩。而竺院的同学是这些冠军队的最主要成员。

学科竞赛深刻地影响着竺院人才培养的生态。2016 年，竺院引领中国新工科的"机器人 + 人工智能"双学位交叉复合班的毕业要求为只需拿到 175 分学分就完成双学位培养，同时将高层次机器人比赛和程序设计大赛的成绩作为课程替代学分，以减轻学生的课业负担。学生通过学科竞赛获得知识，其鲜活程度远超仅依靠课堂听课。学生在国际大赛上获奖，可直接从学校口径获得保研名额，解决了为维持竺院名义保研比例不变而造成的保研名额不足的问题。同时，竺院鼓励同学们勇敢地申请世界顶级名校，继续深造。

由于竺院学生在学科竞赛方面所向披靡，使我很有信心组织学生成建制地参与暑期科研。恰好在 2010 年上半年，深圳光启高等理工研究院院长刘若鹏院友回竺院，希望 2011 年暑期条件成熟时，我们派一些竺院学生前去开展科研实习。2010 年秋天，我带领竺院大部分工作人员赴深圳成立竺可桢学院同学会华南分会，同时考察深圳光启高等理工研究院。2011 年暑假，我们选拔了 10 位学生赴深圳。此次深度科研训练非常成功。最重要的原因是，混合班专业分布广，10 位同学来自材料、光电、计算机、电子、控制、信电等专业。而其他兄弟院校派出的学生仅来自一两个学院。实际上，科研往往是需要多学科协同的。多专业正是混合班的生存之本。

2012 年，我们扩大人数和专业范围，继续与深圳光启高等理工研究院合作开展深度科研训练。

2013 年，竺院较早地动员学生参与到导师的科研项目中，特别是认真完成学校的大学生科研训练计划（SRTP）。我就辅导了 2011 级混合班高轶同学的 SRTP，为其顺利申请到"浙大 -UIUC 3+1"项目奠定了科研训练的基础。

2014 年初夏，在哈佛大学医学院院友的推荐下，我们判断哈佛大学缺少"洗试管"的实习生，便快速做出派遣生化类学生前去实习的决策。由于三年级的生物专业优秀学生暑期均有安排，迫不得已，我们向哈佛大学教授推荐了浙大首届生物医学专业的同学，并要求责任教授"临时抱佛脚"去对他们进行实验训练。就这样，以竺院大二生物医学专业学生为主的赴世界名校暑期科研训练项目正式启动。当我向香港大学医学院首届生物医学班的责任教授介绍浙大生物医学班的 20 位同学中将有 6 位同学赴哈佛大学从事暑期科研训练时，对方赞叹不已。

竺院灵活的培养体制，使得学生在海外进行长达 1 年的科研训练成为可能。为了让外方教授更多地接收竺院同学，我们的同一导师先只推荐 1 位学生，如他们不满意，则不再推荐同一专业的学生。结果是 2 位不同专业的候选人都被采用，充分发挥混合班的固有优势。

赴世界名校暑期科研训练项目让竺院同学昂首迈向世界顶级名校。2016 年，获世界排名前十高校的全奖博士奖学金的竺院学生达到 23 位。

科研筑梦的时空

冯新华

作者简介

冯新华，浙江大学求是讲席教授、博士生导师。浙江大学生命科学研究院首席研究员、院长。研究方向：信号转导网络和蛋白质翻译后修饰在正常组织器官发育；干细胞维持和分化、癌症发生和转移中的生物功能及其作用机制。

21 世纪是知识经济时代。大学生作为国家和社会科研与技术工作的高级后备人才，对其培养无疑非常重要。对于本科生，除了知识学习的培养以外，科研素质的培养也极其重要。本科阶段是学生走向科研生涯的重要起点，几乎每个本科生，特别是竺可桢学院的优秀学子，在进入校园之时都是抱着成为优秀科学家的美好憧憬的。他们是一群优秀的青年学子，具有强烈的竞争意识和初生牛犊不怕虎的探索精神。竺可桢学院为本科生规划的深度科研训练计划正好为这些优秀的本科生与不同学科导师之间架起了一座桥梁，既让学生们在本科阶段就有科研训练的机会，又让导师们有了将这些璞玉雕琢成名器的机会。

在过去 10 年里，我已经指导几十名包括来自竺可桢学院的本科生，沿用我过去在美国培养学生的方式，培养有独立思考能力和动手能力的本科生。我们培养的绝大多数本科生在本科阶段学习结束之后，都在国外知名院校继续攻读研究生学位，并获得好评。在本科阶段的科研训练都很好地帮助他们更快地找到科研方向，更好地融入博士阶段的学习。他们中的有些同学在本科时就已经崭露头角，做出一定的成绩，并在本科阶段就以共同作者的身份发表论文。比如2011 级的丁可和朱博文同学在我们实验室做科研培训时，就以共同作者的身份在

Journal of Biological Chemistry 发表了文章。这些成绩说明本科阶段的教育虽然是以知识培养为目的，但科研能力培养也很重要。事实证明，时间许可的话，本科生完全有能力完成与研究生类同的各项任务，且其进步的速度和空间与研究生无异。

综合过去几年培养本科生科研训练的过程，我总结出了一些本科生科研训练的培养经验，也很高兴能够通过这个机会跟大家交流分享。科研是一个提出问题和解决问题的过程，所以在本科生的培养过程中也基本上遵循这个原则。

首先，引导同学们学会思考，学会提出问题。

学术研究的本质就是探索未知的世界，兴趣是科研的重要前提，是做好科研的重要条件。所以，我很少给学生定下非常明确的研究内容，更多的是让学生结合兴趣，主动去思考他自己内心对哪些研究方向感兴趣，鼓励学生自主选题。学生只有在感兴趣的前提下，才更愿意花心思研究，这样才能提出问题。但本科生刚开始在这方面往往非常欠缺，他们不知道如何将学习到的知识系统化，不知道如何在思维上有所创新，并且缺少对科研前沿的把握能力，具体表现在无法胜任基本的科研信息收集、课题开题基本设计和文献综述等工作。所以，作为导师，我需要指导本科生对自己感兴趣的领域进行深层次的思考，使他们学会浏览科学概况，把握科学脉搏，抓住科学机遇，并且指导他们确定切实可行的长远目标和阶段性目标，同时引导他们善于调整自己的战略部署。

在本科阶段，学生需要扎实掌握所学的知识，围绕已经系统归纳好的知识点进行学习。这些教材上的内容都是经过仔细挑选与反复论证的，学生经过系统性学习，应掌握这些基础知识。到了科研阶段，学生要用新的思维去做科研，及时转变思想，将知识进行重新组合和灵活运用，才能创造新的知识。另外，本科生应该从大二开始进入实验室。在他们进入实验室之初，导师可以看看他们已学的知识是否满足课题组研究方向的需要，可以让学生针对相关知识进行更深入的学习，比如增加论文的阅读，特别是某些经典专著和最新的重要研究论文，并且让本科生在实际的研究中应用其学得的知识。

在开始计划进入某领域研究的时候，学生要学会浏览该学科领域的概况，必须了解国内外研究者们在这一学科领域的最新研究动态，以及该领域的前沿成果，这样才能知道自己想着手研究的方向的学术地位和研究价值。导师可以教学生利用网络，学习文献查新，了解领域内历史，多浏览国际国内学术会议的相关信息。

在总结所学知识和了解领域动态之后，学生就要学会科研创新性。科研不是重复别人的实验，只跟在别人的后面，永远做不出有创新性的工作。虽然任何一项新科研成果的取得都是叠加在前人工作的基础上的，但重复不是目的，重复只是一种手段，要通过重复学会提出自己的观点，设计自己的实验方案。

其次，培养学生解决问题的能力、动手操作的能力和归纳现有数据的能力。

动手操作的能力在科研培养中至关重要。一个能说会道但不知道如何动手的学生无法解决科研问题。学生在本科阶段往往非常缺乏动手的机会，而这可以通过实验室的科研锻炼进行很好的弥补。学生在实验室的学习过程中，可以参加师兄师姐的研究项目，当他们的助手，这除了可以从师兄师姐处学习具体的方法，也有了与师兄师姐讨论问题的机会，能更快地学习前辈的经验。另外，在实际操作过程中多思考也有助于其动手能力的提高。这有助于他们在今后进行研究时，能够具有足够的能力设计相应的方案和路线，能够考虑到各个非常细微的环节，也能够有足够的动手能力去最高效地完成自己的实验设计。

学生还需要培养对研究结果的总结和归纳的能力。仅有不经过分析的堆砌数据是不能解决科研问题的。如何在所得到的实验结果中发现数据的闪光点和意义，这也是培养其研究和科学能力的一个很重要的方面。当然，这也是以坚实深入的理论基础为后盾的。小到试验中出现的实验问题的解决，大到一个意外结果可能展示的某些新科学现象，都需要总结和归纳的能力。学生应能从纷繁复杂的数据中找出规律和不同，判断结论的真伪与意义。

最后，教导同学们具有正确的学术规范知识和态度，保持良好的心态。

科研培养是从思路形成、实验操作、数据分析到归纳总结的过程。参与科研训练的本科生也要保持好的心态。本科阶段做科研的意义不在于应付学校要求完成项目和写出文章，而在于获得科研训练的机会，在操作每一个小项目、小课题的过程中形成一种认知，从而帮助自己更了解自己，也更了解这个世界，以便在将来给自己定下一个切实的发展目标。在从事科研活动的过程中，每一个环节都要遵守科研规范，我们会让学生知晓学术规范，并养成良好的自律习惯；尊重他人（包括导师、合作者）的科研成果，正确引用他人成果，不抄袭、不窃取和不争抢他人的研究思想和成果；不伪造或篡改科研数据，不做错误的陈述，不夸大实验结果；养成端正的学风，知晓科研规范，珍视自己的点滴进步，享受科研探索的过程。希望每位同学经过科研训练，都能有所收获。

附　录

附录1　竺可桢学院深度科研训练项目实施细则（试行）

一、目的意义

深度科研训练项目是竺可桢学院充分利用学校学科门类齐全、教学资源丰富、师资科研力量雄厚等优势，同时与服务国家重大战略需求的企业开放合作，以培养科学精神、创新思维、研究实践能力和团队合作精神为目标，进一步促进拔尖学生理解国家科教战略，了解科研创新技术转化过程，完善荣誉学生培养体系、夯实导师制的重要配套举措。

为进一步推进《竺可桢学院专业导师制实施方案》落实，促进拔尖学生跨学科视野拓展和交叉创新意识提升，同时进一步规范和加强竺可桢学院深度科研训练项目相关管理工作，根据《浙江大学"大学生科研训练计划（SRTP）"项目管理办法》（〔浙大本发 2008〕24 号），特制定本实施细则。

二、组织机构

（一）学院成立"深度科研训练"工作小组

学院成立"深度科研训练"工作小组，负责项目的规划、相关政策制定和组织协调等工作。教学综合办公室和学院团委协同做好"深度科研训练"项目的具体组织和实施。

（二）依托导师库成立"深度科研训练"项目专家组

依托导师库成立项目专家组，专家组主要负责项目评审、中期检查、结题验收和成绩评定等工作。

三、项目立项

学院每年组织"深度科研训练"申报工作。申报项目分学生立项和教师立项、单位立项三种形式。

学生项目面向学院实行专业导师制的学生，学生申报"深度科研训练"项目须征得导师同意，并在导师指导下进行；教师立项为教师委托竺可桢学院发布的研究课题，一般为跨学科研究课题；单位立项即校企合作课题，由签约科研训练基地单位委托竺可桢学院发布，学生申请时需征得导师同意，原则上应在导师和企业导师联合指导下开展，具体指导方式由导师和学生协商确定。申报学生原则上以本科二、三年级学生（五年制以二、三、四年级）为主，项目参加人数为1~5人，其中立项负责人1名，参与者不超过4名。

"深度科研训练"项目实行一次性评审。学生立项项目由竺可桢学院组织专家评审，通过评审的项目经学院办公网公示后立项。教师立项和单位立项项目分别由项目发布人及发布单位组织立项评审，立项后报竺可桢学院备案，项目纳入"竺可桢学院荣誉系统深度科研训练项目平台"统一进行过程管理。

四、项目实施

（一）项目分工

"深度科研训练"项目实行项目负责人制，立项负责人对项目负全责，指导教师应积极发挥指导作用。立项负责人要根据课题研究内容，分配参与项目研究人员的任务，明确职责。

（二）中期检查

每年11—12月由"深度科研训练"工作小组和专家组对立项课题进展情况进行中期检查，课题负责人须按时在荣誉系统内提交中期报告。项目研究经费已执行完毕且进展较好并有望取得研究成果的项目可提出追加项目经费的申请，追加经费原则上不超过项目申请经费，追加经费的预算申请与中期检查报告同时提交，由专家组评审确定是否予以资助。评审结果在学院办公网公示。

（三）撰写研究报告

项目参与人员应根据参与研究的内容和任务，整理和统计相关数据进行分析与讨论，提出自己的观点和见解，并撰写研究报告及时提交立项负责人，由立项负责人撰写项目总结报告。

（四）项目结题与答辩

每年5—6月启动项目结题工作，立项负责人要在荣誉系统内认真填写项目结题信息，充分做好结题答辩的各项准备工作，组织课题组全体人员准时参加。答辩完成后，提交答辩记录表。

项目答辩依托导师课题组进行，指导教师要认真指导学生的结题答辩工作，并在结题表中填写总体评价与评语。

五、成绩评定与第二课堂学分认定

（一）成绩评定

大学生科研训练计划成绩评定分为：优秀、良好、不及（合）格。

由专家组对结题材料进行评审，评定成绩。

（二）第二课堂学分认定

每年结题答辩和成绩评定后，学生在学校素质拓展网上填写申请表，先由所在班级团支部进行初审，然后由班级团支部送交院、系团委进行审核，最后由学校素质拓展认证中心认定，并记取相应学分。

学校素质拓展认证中心在每年 5 月对全校申请第二课堂学分的学生进行集中认定。

六、经费管理

学院设立深度科研训练项目专项经费，按照评审公示结果资助立项课题，原则上经费拨付给指导教师，如需拨付给课题负责学生，需由导师提出申请。校企合作项目，原则上学院不另拨付经费。

优秀项目可在中期检查时申请追加研究经费，以继续深入研究。

七、项目总结

相关负责人员应及时做好深度科研训练项目总结、评选和研究成果汇集工作，组织编写《竺可桢学院深度科研训练项目成果汇编》等。

八、诚信与承诺

学生申请立项时要了解相关研究现状，注意选题内容的科学性、先进性和可行性。在项目实施过程中，要科学严谨，实事求是，项目负责人在填写《深度科研训练项目立项申请表》时必须在诚信承诺条款上签名。

九、相关政策

（一）学生政策

1. 参与深度科研训练项目并顺利结题的学生，经审核与认定，可记一定的第二课堂学分（具体参照《浙江大学本科生第二课堂学分管理办法》执行）。

2.以课题负责人为第一作者（指导教师除外）且竺可桢学院为作者第一单位发表的论文，可额外资助论文版面费。

3.学院每年对深度科研训练项目成果进行评选，优秀项目将予以表彰。

4.鼓励深度科研训练项目进一步延伸到学科竞赛、实验创新项目或毕业论文（设计）等。

对于已批准立项，但无故不参加或无正当理由随意放弃研究项目的，收回项目经费，已使用的经费将予以追回；在申报和研究过程中弄虚作假者，经查实取消申报资格和已批准的项目，同时取消学生今后再次申请深度科研训练项目的资格；情节严重的，按学校相关规定处理。

（二）教师政策

1.指导教师应认真履行深度科研训练项目指导工作，学院根据教师对"深度科研训练"的实际指导情况，在导师制工作考核中进行认定和表彰。

2.指导教师应鼓励学生将研究成果向国内外学术刊物或学术会议投稿。师生被邀请参加学术会议并作大会报告者，可向竺可桢学院申请国内外旅费资助。

3.对指导学生深度科研训练项目不力、学生满意度低和评价差的教师应加强沟通改进。

（三）合作单位政策

对与竺可桢学院合作开展深度科研训练项目，投入积极、成效显著的企事业单位，相关院系、部门、组织及负责人员等予以表彰。

本办法自 2020 年 10 月起执行，由竺可桢学院负责解释。

二〇二〇年九月

附录2　深度科研训练项目立项清单（2018—2022）

年度	项目名称	学科领域	立项负责人	指导教师	联合指导教师	备注
2018	"买卖不破租赁"之中德立法比较	社科	王宁	张谷		优秀项目
2018	"一带一路"背景下中国企业跨境并购动机研究	社科	欧洋	刘起贵		
2018	80W 斯特林制冷机优化	工学	王珞畅	甘智华		
2018	C- 末端驱动蛋白 KIFC1 在人乳腺癌细胞分裂中的作用	理学	倪飞达	杨万喜		
2018	linc00673 对肺癌的调控作用及其机制研究	医药	郑芳	夏大静		
2018	NRF2 通路对 *TRIM16L* 基因表达的调控机理的研究	理学	沈阳	唐修文		
2018	PML/RAR α 调控白血病细胞分化的机制研究	医药	王晨	应美丹		优秀项目
2018	地产股具有板块传染性吗？——来自中国股票市场的证据	社科	许思萱	骆兴国		优秀项目
2018	感知负荷下注意对客体特征的加工特点	理学	郑宇洁	李峙		
2018	高维金融数据分析	理学、社科	陈一凡	苏中根		优秀项目
2018	关于格与码的初步探究	理学	任婕	冯涛		
2018	杭州高校性少数学生生存状况调查	社科	李鑫园	周沐君		
2018	基于 DMD 的结构光照明超分辨成像方法及系统	工学	郑睿	匡翠方		
2018	基于大数据技术的金融风险控制研究	社科、理学	梁原	王义中		
2018	基于供应商信息库的智能招投标技术研究与应用	理学	刘雅思	蒋岳祥		
2018	基于广告大数据分析的广告法立法研究	工学	陈伽洛	程鹏		优秀项目
2018	基于深度学习的多期相肝脏与病灶同步分割	工学、医药	廖梓良	林兰芬		最佳项目
2018	基于文本挖掘的投资者情绪与股票市场相关性分析	社科	易际泉	朱燕建		优秀项目
2018	基于增强现实技术的演示系统开发	工学	江云飞	陈积明		
2018	交互式新媒体与上市公司信息透明度	社科	杨欣悦	朱燕建		
2018	老年群体对社交媒体中健康类信息的接纳因素与传播意愿	人文	张鑫	李红涛		
2018	期权市场不同投资主体净购买压力下的交易信息差异——基于中国上证 50ETF 的证据	社科	张彤	骆兴国		
2018	人体姿态识别	工学	诸丰彦	刘勇		
2018	认罪认罚从宽制度中被害者参与问题研究	社科	沈佳艺	胡铭		
2018	深海微生物的分离与鉴定	理学	张宝铃	吴敏		
2018	生理响应凝胶系统用于肿瘤免疫治疗	医药	汪洁	唐睿康		
2018	视频动作识别	工学	梁雨菲	刘勇		
2018	受激发射损耗显微术（STED）并行探测成像	工学	王玥颖	匡翠方		
2018	网络中的划分与匹配算法	工学	程志坚	张国川		
2018	尾部风险度量的统计推断	理学、社科	陶然	张奕		优秀项目
2018	胃癌病理智能筛查	医药	陈佳伟	吴建		
2018	新型生物 - 无机复合止血剂的研究	医药	林蒙驰	范杰		优秀项目
2018	虚假回归分析	理学	刘青阳	庞天晓		
2018	一类用于抗心脏瓣的吲哚生物的合成及构效关系研究	医药	谭博文	邹宏斌		
2018	隐含波动率模拟方法	理学	王艺瑾	李胜宏		
2018	中俄政商关系对两国政治经济转型的比较研究	社科	曹诗焉	朱天飚		
2018	中药（龙眼肉）中抗衰老活性成分的研究	医药	唐铃杰	戚建华		
2018	资源配置问题的优化模型与算法	工学	毛启衡	张国川		
2019	0～3 岁儿童音乐知觉偏好研究	理学	陈昕源	徐琴美		优秀项目

年度	项目名称	学科领域	立项负责人	指导教师	联合指导教师	备注
2019	GAN/VAE 生成有年龄跨度人脸弱监督 / 无监督人脸识别（域适应）	工学	姜禹良	华为公司 2012 实验室		
2019	VRFB 传质过程优化的电极孔隙率梯度化分布因素研究	工学	陶鋆奕	骆仲泱	郑梦莲	最佳项目
2019	靶向血管内皮 Shp2 调控放射性肺纤维化的机制研究	理学	周震威	柯越海		优秀项目
2019	苯并芘通过 Linc00673 促进肺癌发生发展的研究	医药	唐宋	夏大静	吴一华	
2019	对营销号文章的自然语言分析	社科、理学	胥啸虎	刘康生		优秀项目
2019	高粗糙度 PDA 用于光蒸上界面转化研究	工学	方宇波	伍广朋		
2019	关于网络购物反馈的动机及其激励的实验经济学研究	社科	王雪	陈叶烽		
2019	国内外原油期货价格关系分析与对冲现货风险效果对比	社科、理学	吴萧汝	骆兴国		优秀项目
2019	基于 PointNet 技术的图像三维点云数据处理	理学、工学	鞠文静	郑友怡		
2019	基于 Keap1 的肺癌基因治疗研究	医药	李哲舟	唐修文		
2019	基于 S&P500 和 VIX 指数的相关实证研究	理学	冯思遥	骆兴国		
2019	基于非凸优化与梯度方法的机器学习理论研究	理学、工学	丁李桑	李胜宏		优秀项目
2019	基于分布并行堆叠的自编码器工业过程监测系统设计与开发	工学	颜施思	宋执环	魏驰航	
2019	基于机器学习的股指期权隐含波动率影响因子研究	社科、理学	钱昕玥	骆兴国	徐仁军	
2019	基于机器学习的昆虫入侵性预测	工学、农学	吴浩宇	李飞		优秀项目
2019	基于深度学习的图像增强	工学	李雲霜	华为公司 2012 实验室		
2019	基于深度学习的图像增强	工学	宋浩波	华为公司 2012 实验室		
2019	基于深度学习的纹理迁移、风格转移	工学	姚力铭	华为公司 2012 实验室		优秀项目
2019	利用冷冻电镜技术探究 BTRR 蛋白复合体结构	医药	李文晓	应颂敏		
2019	卖空禁令对金融衍生市场的影响	社科	王佳钰	骆兴国		优秀项目
2019	慢性气道炎症的临床多组学数据挖掘分析	理学、医药	潘晟	应颂敏	陈铭	优秀项目
2019	全球汇率市场的内幕信息研究	社科、理学	吴方缘	骆兴国		
2019	新型双官能度氨基酸 NTA 单体的合成与聚合	工学	戴暄耕	凌君		优秀项目
2020	Bcl-2 和 Bax 参与中华绒螯蟹生殖细胞凋亡的动力学过程	理学	王宇婷	杨万喜		
2020	Kinesin 参与 BMP 信号通路调控中华绒螯蟹精子发生过程的机制	理学	陈诗烨	杨万喜		
2020	LEA 蛋白参与耐辐射奇球菌极端抗性机制深度研究	理学、农学	严子莹	赵烨	马忠华	
2020	Myosin Va 通过参与 Wnt 信号通路调控中华绒螯蟹精原细胞的有丝分裂	理学	徐恺蔚	杨万喜		
2020	TRIM70 在肿瘤生长和转移中的作用研究	医药	陆子毅	唐修文		
2020	大麦代谢物的时空分布及数据库构建	农学	梁启煜	张国平		
2020	地空协同的可行域自监督学习	工学	李雲霜	熊蓉	王越	优秀项目
2020	多模态推荐算法研究	工学	余昕遥	赵洲		
2020	宏观封装石墨烯导热膜研究	工学	沈宸玮	高超		
2020	华为深度科研训练项目——面向达芬奇芯片的 AI 代码中间表示及其优化技术研究	工学	袁轶珂	宋明黎		
2020	基于表面肌电信号的无声语音识别	工学	林皓泓	李光		
2020	基于代码大数据的软件缺陷挖掘	工学	梁洵	纪守领		
2020	基于华为自研 AI 芯片的计算机视觉深度学习算法研究与移植	理学、工学	黄隆钤	刘旭		

续表

年度	项目名称	学科领域	立项负责人	指导教师	联合指导教师	备注
2020	基于机器学习的持家基因转录调控特征分析	工学、医药	李敬宇	郭国骥		
2020	基于机器学习的多因子选股因子重要性研究	社科、理学	华健晔	骆兴国		
2020	基于软体抓手的机械臂物体抓取控制以及应用机器学习实现动态物体抓取研究	工学	唐恺	李铁风		
2020	基于昇腾芯片的 vector 类算子开发	工学	洪斯谕	董玮		
2020	基于图片、视频的 3D 场景生成问题研究	工学	何谦佩	郑友怡	熊蓉	
2020	基于图神经网络和迁移学习的细胞分类	工学、医药	于昊飞	陈华钧		
2020	基于中国 50ETF 期权的期权收益波动研究	社科	陈斐	骆兴国		
2020	基于自适应学习的小型竞速赛车模型辨识和高速控制	工学	程方晧	许超	高飞	
2020	类泛素化 –Neddylation 过程在巨噬细胞抗耐甲氧西林金黄色葡萄球菌感染中的作用及其机制研究	医药	龚嘉俐	蔡志坚		
2020	类黄酮糖基转移酶基因的启动子克隆和表达分析	农学	吕瑛莉	王岳飞	叶俭慧	
2020	利用磁小体靶向乳腺癌辅助 MRI 成像检测	医药	李艳青	陈铭		
2020	利用冷冻电镜技术探究 Calvin 循环多酶复合体结构	理学	毛卓	张兴		
2020	面向图像噪声抑制 / 细节恢复的研究	工学	康敏桐	蔡登		
2020	纳米零价铁 – 植物协同修复多氯联苯污染土壤过程的养分调控	理学、农学	吕沸萱	林道辉		
2020	上市公司股东换购 ETF 的动机及其对公司治理与业绩的影响	社科	贾竞越	朱燕建		
2020	水稻线粒体载体家族基因 OsSFC1 调控水稻幼苗根系生长的分子细胞机理	农学	金泽艳	潘刚		
2020	网络市场监管中政府与平台的共治模式研究——基于杭州市的观察	社科	林鹏昊	陈国权		
2020	相关衍生品交易信息对股票和股指期货收益率的影响——基于香港证券市场研究	社科、理学	叶之骁	骆兴国		
2020	行政区划改革的数据库及其可视化	社科、工学	徐懿琳	吴金群	张宏鑫	
2020	选择性自噬清除神经退行性疾病相关蛋白的分子机制研究	医药	顾佳钰	孙启明		
2020	氢化铈纳米材料独特物化形貌性质在肿瘤治疗方面的应用探究	医药	朱超杰	凌代舜		
2020	药物性肾损伤的研究	医药	邱姝颖	唐修文		优秀项目
2020	一个大麦叶斑突变体的表型鉴定和调控机制初探	农学	吴烨雯	戴飞		
2020	一种纳米酶用于神经退行性疾病的治疗	医药	马俊铠	凌代舜		
2020	疫情危机下重点人群心理干预模式研究与在线干预系统开发	理学、工学	黄子鸣	陈树林		优秀项目
2020	浙江社会矛盾化解"最多跑一地"改革的运行机制及绩效评价研究——以嘉善县为例	社科	任元沅	范柏乃		
2020	浙江省"区域环评 + 环境标准"改革的实施绩效评定研究	社科	朱芷懿	范柏乃		
2020	中国外汇市场上订单流与汇率变动的关联性研究	社科、理学	袁熙春	骆兴国		
2020	重大灾害背景下公民参与志愿服务驱动力研究——以"志愿汇"使用者为研究对象	社科	刘来泽	苗青		
2020	重氢化合物对 1,3- 二羰基化合物的化学选择性 C—C 键插入反应的条件优化	理学	钱顾鑫	王彦广		
2020	自噬在 Mi-1 介导的根结线虫抗性中的功能研究	农学	蒋辰元	周杰		
2020	自制编程语言 deeplang 项目	工学	江雨辰	许端清		优秀项目
2020	字如其人？中国大学生的笔迹与社会人格的计算社会学分析	社科、工学	王卓瑜	范晓光		

年度	项目名称	学科领域	立项负责人	指导教师	联合指导教师	备注
2021	"优化营商环境"背景下波特假说在我国的再检验	社科	梁家和	徐元朔	吴金群	
2021	AMPK 有关的激酶家族蛋白对泛素化信号识别的差异性影响	理学、医药	余浩然	金建平		
2021	Arp3 和 EPS8 通过 mTOR 信号通路参与中华绒螯蟹血淋巴－精巢屏障形成的机制	理学	王嘉鸣	杨万喜		优秀项目
2021	CAPN3 细胞周期相关蛋白底物的验证及其对细胞周期的调控研究	理学	郑小雨	彭金荣		
2021	CD2AP 在 AD 中参与 Tau 聚体转运的作用机制	医药	郭凌羽	包爱民		优秀项目
2021	Comparing Network for Few-shot Classification	工学	茅一宁	宋明黎		
2021	CREB 参与中华绒螯蟹支持细胞的发育进而影响精子发生过程	理学	王妍	杨万喜		
2021	Deeplang 语言类型系统的设计和实现	理学、工学	练琪灏	汤斯亮		
2021	Foward＋Shading 技术研究及实现	工学	傅淄洋	王锐		
2021	FTO 调控基因对红系分化影响	医药	苏丹	蒋晞		
2021	KRASG12C 抑制剂的耐药机制和干预策略	医药	刘可欣	朱虹		
2021	LincRNAs 对小鼠造血干细胞稳态的功能筛选与作用机制研究	医药	施亦昕	钱鹏旭		
2021	PDE4B 在炎症性肠病中的作用机制研究	医药	陈祉彤	汤慧芳		
2021	RNA 结合蛋白在 T 细胞中的作用	医药	陈辉	汪洌		
2021	RRM2 在肝癌恶性生物学行为中的效应及作用机制研究	医药	谭雅文	徐骁		
2021	Sox2 通过影响 Wnt/β-catenin 通路调控中华绒螯蟹精子发生机制	理学	徐晨硕	杨万喜		
2021	SuFEx 底物磺酰氟异氰类的制备	理学、医药	潘昊宇	崔孙良		
2021	Tgfβ 信号通路的生物传感器构建	理学	金辰莼	梁洪青		
2021	Tiled Forward Shading 技术研究	理学、工学	王呈	王锐		
2021	TRPM2 通道 Pore-helix 和 Selective Filter（SF）的系统发生学研究	理学、医药	程澄	杨巍	马骋	
2021	阿尔茨海默病小鼠 SuM－海马投射神经元活性异常及其调控	理学	张佳翔	孙秉贵		
2021	百合遗传转化和 CRISPR/Cas9 基因编辑体系的建立	农学	周心艺	夏宜平		
2021	苯并芘对小细胞肺癌干性影响及其分子机制的研究	医药	钟佳敏	夏大静	吴一华	
2021	肠道菌群数据库构建与数据挖掘	工学、医药	沈奕祺	倪艳		
2021	从抗疫到防疫：对《人民日报》、科普中国网、丁香医生新冠疫苗报道的框架分析	人文、社科	柴逸涵	周睿鸣		
2021	村级组织负责人"一肩挑"的廉政风险与权力监督	社科、理学	周欣仪	陈国权		
2021	代码克隆技术研究	工学	陶诗宁	徐仁军		优秀项目
2021	电力现货市场的电力出清定价模型与算法研究	理学	戴子琦	王明征		
2021	对着色器实时优化已有方法的学习、调研和进一步探究	理学、工学	周炜明	王锐		
2021	肺癌细胞中 NR0B1 的表观遗传调控研究	医药	李艺祺	唐修文		
2021	分析师评价与超额收益率效应研究	社科	翁曦	蒋岳祥		
2021	冯雪峰文艺思想的生成与翻译实践研究	人文	沈一朵	张广海		优秀项目
2021	高品质谐振腔 Q 值的测量	理学	朱子天	王浩华		
2021	公共服务水平对城市化影响研究	社科	韩之异	顾昕		
2021	公共空间心理疗愈功能在高校中的应用——以浙江大学为应用场景	社科、农学	尤文雯	黄浏英		
2021	公共卫生治理与国际经济法变革	社科	李岱阳	赵骏		

续表

年度	项目名称	学科领域	立项负责人	指导教师	联合指导教师	备注
2021	公司股价崩盘风险预测——基于文本分析研究公司年报内容特征	社科、工学	周一方	董望		
2021	毫米波雷达下物体的检测和跟踪	工学	徐志轩	熊蓉	王越	优秀项目
2021	好大夫在线医疗平台个人咨询与团队咨询的效果比较研究	社科、工学	李沛谕	童昱		
2021	核糖核酸酶A超家族的抗菌活性分析	医药	朱泽浩	许正平	盛静浩	
2021	基于3D视网膜血管成像重构的小鼠缺血再灌注眼疾建模	工学、医药	张刘灯	龚薇	斯科	
2021	基于AI的自动对焦	工学	陈丰	潘纲		优秀项目
2021	基于MindSpore实现图像分类模型GhostNet	社科、工学	熊书琴	罗仕鉴		
2021	基于大数据分析的CFB锅炉燃烧与排放优化	工学	吴黄赛	陈玲红		
2021	基于广义线性模型的多性状关联分析方法研究	理学、农学	纪承志	徐海明		
2021	基于鸿蒙系统的多进程应用改造	工学	霍奕程	申文博		
2021	基于卷积神经网络的农业遥感图像语义分割	理学、工学	高凯风	徐仁军		
2021	基于容器集群与错误注入的分布式一致性协议测试框架	工学	王英豪	何水兵		
2021	基于深度强化学习的国内证券市场投资组合风险控制算法	社科、工学	于成笑	郑小林		
2021	基于深度学习的深度估计	工学	丁震泽	金小刚		
2021	基于声纹识别和课堂词频分析的高校"声音大脑"构建与实践研究	社科、工学	董佳旺	李艳	张紫徽	
2021	基于腺病毒疗法的肝癌治疗	医药	程纪瓯	陈铭		
2021	基于循环生成式对抗网络的跨模态超分辨显微成像重建	工学、医药	方秋雨	许迎科		
2021	基于遗传算法的着色器代码优化	理学、工学	陈威	王锐		
2021	基于质谱成像技术研究石杉碱甲对缺血性脑卒中保护作用的药理机制	医药	季志恒	范骁辉		
2021	渐冻症疾病相关蛋白VAPB在小鼠葡萄糖代谢稳态中的作用与机制研究	医药	孙雨亭	周以侹		
2021	进化论与近代中国文学观念演变研究	人文	陶玉丽	朱首献		
2021	利用量子导引制备张量网络量子态	理学	田玉琢	万歆		
2021	论新冠疫情造成的合同履行障碍问题及其化解	社科	张梁	陈信勇		
2021	脉冲神经网络反向传播算法的改进	工学	袁汛	潘纲		
2021	美股盘中与隔夜的市场波动率的横截面定价研究	社科	熊书琴	骆兴国		
2021	面向微电网的数据注入攻击设计	工学	杜曜志	杨秦敏		
2021	内侧前额叶皮层到外侧缰核的神经通路的功能研究	医药	赵海贝	胡海岚		
2021	农民工非正规就业与家庭贫困脆弱性关系研究	社科	梁玮琪	顾昕		
2021	胚胎干细胞rDNA转录调控的分子机制研究	理学	廖翔烽	张进		
2021	染色质重塑因子BAF60b在非酒精性脂肪肝中的作用研究	医药	宋楚睿	孟卓贤		
2021	人机融合的公司财务困境预测方法探究——基于深度学习算法	社科、工学	詹苼彬	董望		
2021	社会因素与个人因素对COVID-19疫情期间应对决策的影响	社科、理学	刘梦云	马剑虹		
2021	深度学习预测股市波动率以及波动率序列长记忆性和非线性成分的测试	社科、工学	胡昱甲	曾涛		
2021	手工劳动对戒毒人员工作记忆功能损伤修复的影响探究	理学	丁雨馨	张萌		
2021	手和刚性物体交互下的三维重建	工学	肖嘉贝	叶琦		
2021	数字技术何以形塑基层监督体系?——基于扎根理论和"技术嵌入"视角的探索性研究	社科	刘奕麟	陈国权		

续表

年度	项目名称	学科领域	立项负责人	指导教师	联合指导教师	备注
2021	数字时代破解社区"志愿失灵"的新路径————基于杭州市"志愿汇"APP 的案例	人文、社科	周凌宇	黄飚		优秀项目
2021	通过新型肿瘤间质评分系统筛选肺癌转移相关的关键长链非编码 RNA 的研究	医药	崔栋禹	夏大静	吴一华	
2021	线粒体协调下的甲硫氨酸代谢稳态调控	理学	江浏	叶存奇		
2021	小样本知识蒸馏探索	工学	尹幽潭	宋明黎		
2021	星形胶质细胞代谢型谷氨酸受体 5 在阿尔茨海默病早期对突触功能损伤的作用研究	医药	黄海薇	沈逸		优秀项目
2021	诱导多能性干细胞来源基因修饰的免疫细胞对肿瘤的作用	医药	薛迪烜	张进		优秀项目
2021	原油价格与汇率的动态联系	社科	陈浩云	骆兴国		
2021	在肺癌细胞中抗肿瘤药物(紫杉醇、奥沙利铂)对 NROB1 甲基化水平影响研究	医药	张凤飞	唐修文		
2021	真实性视角下的非物质文化遗产开发研究——以湖南非遗雨花馆为例	人文、社科	陈烨好	刘朝晖		
2021	中国养老地产行业上市公司的绩效和发展路径分析	社科	曾昱蒙	张惜丽		
2021	资本市场的开放对企业权益资本成本的影响	社科	尚哲敏	许奇		
2021	自身炎症性疾病致病突变的研究	医药	费雨蝶	周青		
2021	自噬对腓骨肌萎缩症中应激颗粒异常解聚的作用及促进解聚的可能药物探索	医药	吴章瑞	白戈		
2021	作为叙事道具的文学资源——对《沉沦》集中诗文征用的研究	人文、社科	沈伊可	邢程	连连	优秀项目
2022	"猒""猒""壓"字词關係及演變研究	人文	贾明卓	汪维辉	王挺斌	
2022	《史记索隐》所存用字辨析——对比敦煌文献	人文	戚萌	真大成	秦桦林	
2022	Deeplang 语言的编译器设计和实现	理学、工学	邱日宏	巫英才		
2022	HIV 入侵机制研究及蛋白质药物从头设计研发	理学、医药	马腾	陈伟		
2022	IAG 通过与 IR 互作影响中华绒螯蟹精子发生	理学	薛梦琪	杨万喜		
2022	阿尔茨海默病中类淋巴循环系统的节律特征研究	医药	段祎璨	白瑞良		
2022	超冷原子动量晶格与拓扑量子模拟的研究	理学	郭奕超	颜波		
2022	超越新社群主义:多中心治理的行政嵌合性	社科	周凌宇	XIN GU		
2022	从波伏娃文学创作看法国二十世纪第二次女性主义浪潮演变史	人文、社科	吴佳睿	汤晓燕		
2022	调节 Nix 介导线粒体自噬的药物筛选模型构建和初步应用	医药	杨柳思	张翔南		
2022	多层面多渠道反馈信息的意见/观点采集和评估技术	社科、工学	廖诗妍	郑春燕		
2022	非配合条件下的人脸识别	理学、工学	林予匡	宋明黎		
2022	甘蓝型油菜无限生长株型建成的分子机制	农学	陈凯进	朱杨		
2022	关于智慧旅游对老年群体出行影响因素的实证研究	人文、社科	赵萌	寿涌毅		
2022	基于材质指纹特征的数字化艺术品防伪技术	人文、工学	孙鑫杰	张秉晟		
2022	基于点扫描的红外气体成像仪	工学	项奕玮	倪东		
2022	基于高斯 Copula 矩阵补全的海洋温度场重建研究	理学、工学	裘小钰	程磊		
2022	基于活细胞成像技术比较不同 Cas13 系统	理学、医药	王金旻	陈宝惠		
2022	基于机器学习算法的隐含波动率预测研究——以上证 50ETF 期权为例	社科、工学	付博郅	骆兴国		
2022	基于脉冲神经网络的机器人导航路径规划	工学	金凡俪	唐华锦		
2022	基于全基因组的鸟类进化谱系分析	理学	谢宇龙	张国捷		
2022	基于图学习的金融领域欺诈检测	工学	徐昕怡	杨洋		

续表

年度	项目名称	学科领域	立项负责人	指导教师	联合指导教师	备注
2022	基于选定语言的开源项目代码相似性检测	工学	朱畅	申文博		
2022	间充质干细胞的工程化改良及用于肺纤维化干预治疗的初步研究	医药	李銎羽	高建青	张添源	
2022	兼具肿瘤靶向及抗肿瘤免疫特异性激活功能的仿生纳米粒子的研究与构建	医药	任思杭	王杭祥		
2022	腱骨界面细胞亚群解析	医药	苏子瞻	陈晓		
2022	经颅交流电刺激对言语工作记忆和视觉工作记忆影响的研究	理学、工学	薛唯琛	胡玉正		
2022	矿化溶瘤病毒增加感染肿瘤细胞能力	医药	王非凡	顾臻	李洪军	
2022	利用转座子筛选奥奈达希瓦氏菌调控蛋白 SO2426 相关基因	理学	何清平	高海春		
2022	论《死于威尼斯》中传统市民道德与现代艺术伦理间的冲突	人文	朱泳霏	许志强		
2022	内侧隔阂组胺能神经元环路调节摄食行为的研究	医药	薛燕楚	陈忠		
2022	企业数字化转型与股价崩盘风险关系探析	社科、工学	包周杭	董望		
2022	球形机器人视觉识别与跟随	工学	黄浩然	王酉		
2022	染色质重塑复合物 SWI/SNF 关键亚基 BAF60b 在肠道 T 细胞中的功能	医药	杨雯婧	汪洌		
2022	人工智能实现小红书爆文生成	工学	张艺蓉	杨洋		
2022	人源 TRPM2 蛋白 MHR3/4 结构域的门控机制	理学、医药	王思雨	杨巍		
2022	使用 scRNA-seq 绘制生物活性材料体内移植促骨再生的免疫细胞图谱	工学、医药	胡子昊	欧阳宏伟	张显著	
2022	数智推动港口物流绿色低碳转型的机理与路径研究——以青岛港为例		冀静怡	顾国达		
2022	特色农业赋能农户增收研究——以西湖龙井为例	社科	邱思源	郭红东		
2022	网络舆情中政府公信力的影响因素研究	社科	缪可嘉	纪盈如		
2022	县域农商行引入数字金融对产业扶贫的绩效影响	人文、社科	王玉婷	杨柳勇		
2022	响应性微针治疗银屑病	医药	王慧	张宇琪	顾臻	
2022	消费者对食品碳标签的支付意愿及影响因素研究	社科	曾逸	金少胜		
2022	新冠疫情防控中城市志愿者组织的现实困境与应对模式——以武汉与上海为例	社科	张睿姝	周沐君		
2022	学工经历如何影响高校毕业生就业起薪	社科	周欣怡	吴金群		
2022	银纳米颗粒穿越血睾屏障机制	理学	马玎男	杨万喜		
2022	知识驱动的模糊测试变异策略调度方法研究	工学	张乔	纪守领		